基礎から学ぶ
簡易裁判所の諸手続
判事が語る実務のポイント

東京簡易裁判所判事
岩田和壽
Kazutoshi Iwata
［著］

日本評論社

はしがき

　本書は、日本司法書士会連合会発行の「月報司法書士」に、2010年5月号から連載された「ある日の簡易裁判所」の中から、簡易裁判所で扱う手続関係に特化した14の項目を選び出して書籍化したものです。
　第1章は、簡易裁判所の訴訟手続特則です。簡易裁判所の訴訟手続については、基本的に地方裁判所におけるものと同様ですが、簡易・迅速な紛争解決を目的とする簡易裁判所には地方裁判所と違った手続の特則が定められています。その特則について学習します。
　第2章は簡易裁判所に特有な手続として定められた少額訴訟手続です。少額訴訟手続は、60万円以下の金銭トラブルを迅速に解決することを目的とした特別な手続であって、柔軟な審理方式が採用されています。また、この章においては、少額訴訟債権執行制度についても学習します。
　第3章は訴訟手続に依らずに、書面の審査のみによって債務名義を取得できる支払督促手続です。債務名義はどの段階で取得するのか、債務者から異議申立てがあった場合はどうなるのか等について学習します。
　第4章は「一般の公示催告」と「有価証券の無効宣言を目的とする公示催告」の公示催告手続です。申立てから終局までの流れや公示送達の効果等について学習します。
　第5章は民事訴訟手続に関する書類等の送達手続です。送達の種類や効力、手続の流れ、送達が不奏功だった場合の取扱い等について学習します。
　第6章は意思表示の公示送達手続です。意思表示の意義や意思表示の到達の効果、公示送達申立書の記載や手続の流れ等について学習します。
　第7章は和解手続です。和解の効用と有用性、和解に代わる決定、和解調書の効力を争う方法等について学習します。
　第8章は訴え提起前の和解手続です。制度の目的、申立書の記載等、及び「民事上の争い」に関して学習します。
　第9章は和解条項です。和解条項の類型や留意点、債務名義の意義等につ

いて学習します。

　第10章は民事調停手続です。当事者間の紛争の自主的解決に近い制度といわれている調停の歴史や手続の流れ、調停に代わる決定等について学習します。

　第11章は特定調停手続です。債務を整理するための話合いによる解決方法としての特定調停の基本構造や手続の流れ等を学習します。

　第12章は調停の付随手続です。「調停前の措置の申立て」と「民事執行手続の停止の申立て」に関して、申立ての要件、申立書の記載等について学習します。

　第13章は略式手続総論、第14章は略式手続各論です。簡易裁判所で処理される刑事事件の約97％は略式命令によって終了しているのが実情ですので、その意味においては国民にとって身近な刑事手続ということになります。略式手続の特徴や手続の流れ等について学習します。

　ところで、「月報司法書士」に「ある日の簡易裁判所」を掲載することになったきっかけは、簡易裁判所の民事に関する代理権を有する認定司法書士の方々に、簡易裁判所における実務の実情や考え方、手続の流れ等を知っていただき、代理人としての活動（執務）の参考になればという思いからでした。そして、継続して読んでいただくためには、堅苦しさを感じさせることなく気軽に目を通せること、簡単であること、理論面よりも実務の取扱いや判例等を紹介することを重視し、その月ごとにテーマを定めて裁判官、書記官、事務官による勉強会における会話形式の体裁にしました。勉強会に登場する裁判官、書記官、事務官は、いずれも実在する人物がモデルになっています。

　「ある日の簡易裁判所」の掲載は、7年間続きました。第1回は「解雇予告手当編」でした。それ以後、手続に関するもの、各種紛争に関するもの等、裁判事務処理上一般的知識として必要と思われる様々な事項について勉

強会（月報司法書士への掲載）をしてきました。掲載したものの中には実務の取扱いや解釈も分かれている事項もあり、記述に苦労したものもあります。また、山や海に関する法律問題や、スポーツにまつわる問題等、楽しく記述が進んだものもあります。

　それから、掲載したものは、民事関係ばかりでなく、令状関係や軽犯罪法関係、道路交通法関係、自動車運転死傷行為処罰法、刑事公判手続等、刑事に関するものもあります。「くらしの中の法律家」、「あなたの町の法律家」である認定司法書士の方には、刑事関係の基本的な知識も必要とされるとのことから掲載したものです。

　なお、「ある日の簡易裁判所」のうち、2010年5月号から2012年8月号まで掲載されたもののうち15編については、2013年に株式会社きんざいから発行された『SUMMARY COURT ──ある日の簡易裁判所』に掲載されています。その15編の中には、「少額訴訟手続」、「和解手続」、「調停手続」、「送達手続」、「督促手続」が掲載されています。これらの手続については、本書にも同表題で「章」を設けて掲載していますが、それは、本書の目的が簡易裁判所の事件処理における手続実務を網羅して読者の総覧に付すという趣旨によるものからです。ただし、これらのものを含めて全章の掲載について、本文の内容について見直しを図り、本文を読みやすくするために項目ごとに小見出しを加え、統計数字は最近のものにし、参考文献についても、検索の便のために最新版のものを引用しています。

　「ある日の簡易裁判所」は、掲載を重ねるごとに、認定司法書士の方々のみならず、広く、裁判所に勤務する裁判官、書記官、事務官、そして、調停委員、司法委員の方々にもお読みいただいているという実情にあり、掲載されたものの有用性と閲覧の便のために冊子化して欲しいという多くの方々の声もありました。

　このような中、日本司法書士会連合会の広報担当常任理事岩井英典氏、月

──────────

報発行委員会委員長の川上明子氏、事務局事業部広報課の白洲ゆき子課長ほかの方々のご尽力とお力添えにより、本書がこのようなかたちで出版されることとなりました。

　本書が、いくらかでも読者の方々の知識の糧、執務の参考になれば幸いと考えております。

　最後になりますが、本書の記述に関し、山本有之助裁判官、髙仲建太郎主任書記官、鈴木那実事務官にひとかたならぬご助言・ご指導をいただきました。

　また本書の出版にあたり、日本司法書士会連合会広報課の方々並びに日本評論社代表取締役社長串崎浩氏、法律編集部の小野邦明氏、大東美妃氏に種々ご尽力いただきました。

　皆様には、この場をお借りして感謝申し上げます。

　平成29年4月

岩田和壽

推薦のことば

　「ある日の簡易裁判所」は、日本司法書士会連合会が発行する「月報司法書士」の平成22年5月号から連載され、平成29年3月の時点においても連載が続いている、人気シリーズのひとつです。そして本書は、上述したもののうち著者の選択した14のテーマに加筆されたものを書籍化したものです。

　本書の内容は多岐にわたっており、難解な実務書を読み解く際の参考書としてベテラン司法書士のみならず、新人司法書士等が受講する特別研修の参考書としても利用されるものと思われます。すなわち、会話形式において民事訴訟法のみならず、実体法や判例の解説がなされており、裁判実務を行う際の実務書としての面を有している最適な書籍であります。

　平成15年4月に施行された改正司法書士法により誕生した「認定司法書士」の数は着実に増加しており、現在においては1万7000人を超えています。クレサラ問題を解決するために、全国の司法書士が簡易裁判所の代理権を活用して問題の解決に導くとともに、地方裁判所の破産手続等の書類作成により、多くの債務者等の救済に尽力をしてきました。また、訴訟手続等を通して依頼者と二人三脚で紛争の解決を行ってきた実績については、いまさら述べるまでもなく、司法書士の存在は国民の間に広く浸透しています。

　本書は、現役の簡易裁判所判事として関係法令・実務に精通している著者が、公示催告手続や和解手続、実務上非常に重要な送達手続に関しても解説を施され、さらには、刑事手続にも言及され、初心者のみならず司法修習生や法科大学院の学生などが裁判の実務を知る上で有益な内容となっています。司法書士が直面する様々な関連法規に精通することにより、円滑な裁判手続がなされることを願い、本書を推薦する次第です。

平成29年3月

　　　　　　　　　　　　　　　　　　　　日本司法書士会連合会
　　　　　　　　　　　　　　　　　　　　　　会長　三河尻和夫

◆ 目 次

はしがき　i
推薦の言葉　v

第1部　民事訴訟関係手続 …………………………………… 1

　第 1 章｜簡易裁判所の訴訟手続特則　2
　第 2 章｜少額訴訟手続　018
　第 3 章｜支払督促手続　032
　第 4 章｜公示催告手続　046
　第 5 章｜送達手続　063
　第 6 章｜意思表示の公示送達手続　078
　第 7 章｜和解手続　092
　第 8 章｜訴え提起前の和解手続　107
　第 9 章｜和解条項　123

第2部　民事調停手続 ……………………………………… 139

　第10章｜民事調停手続　140
　第11章｜特定調停手続　155
　第12章｜調停の付随手続　167

第3部　刑事略式手続 ……………………………………… 181

　第13章｜略式手続総論　182
　第14章｜略式手続各論　196

民事訴訟関係手続

第1章 簡易裁判所の訴訟手続特則
第2章 少額訴訟手続
第3章 支払督促手続
第4章 公示催告手続
第5章 送達手続
第6章 意思表示の公示送達手続
第7章 和解手続
第8章 訴え提起前の和解手続
第9章 和解条項

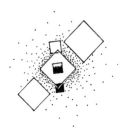

第1章 簡易裁判所の訴訟手続特則

◆この章で学ぶこと
　この簡易裁判所の訴訟手続に関する特則においては、簡易裁判所で取扱う民事事件の種類や民事訴訟手続における地方裁判所との違い、簡易裁判所の手続特則などについての学習をします。基本的には審理方法等は地方裁判所と同様ですが、簡易な手続により迅速に紛争を解決することを目的とする簡易裁判所には地方裁判所と違った手続の特則が定められていますので、その点を念頭に置きながら読み進めていきましょう。

――全国の簡易裁判所の数

A裁判官　まずは、簡易裁判所に関する一般的な基礎知識を得ておきましょう。日本には簡易裁判所は何庁ありますか？

C事務官　全国で438か所に設置されていると聞いたことがあります。内訳は、地方裁判所本庁又は支部に併置された庁は253庁、独立簡易裁判所は185庁だったと思います。でも、全簡易裁判所に裁判官は常駐しているのでしょうか？

B書記官　裁判官が常駐しない独立簡易裁判所もありますね。そういう場合は、その庁の兼務辞令を受けた裁判官が、一定曜日に当庁して執務しているようです。

A裁判官　簡易裁判所は、現行憲法と同時に施行（昭和22年5月3日）された裁判所法（昭和22年4月16日法律59号）によって新たに設けられたもの

ですね。当初は全国557か所に設けられたのですが、昭和62年法律第90号（下級裁判所の設立及び管轄区域に関する法律の一部を改正する法律）により、順次統廃合が行われて現在は438庁となったという経過があります。ちなみに、東京簡易裁判所は、23区内にあった11の独立簡裁を統合して現在に至っています。

──簡易裁判所創立の目的

A裁判官 それでは、簡易裁判所が創立された目的を述べてもらいましょう。

B書記官 比較的少額の民事事件及び軽微な犯罪に関する刑事事件を簡易な手続で迅速に処理するために設けられたものです。民訴法270条は「簡易裁判所においては、簡易な手続により迅速に紛争を解決するものとする。」と規定していますが、これは、簡易裁判所の民事事件の審理の精神を明らかにする規定といわれています。

A裁判官 そうですね。民事事件に限っていえば、簡易裁判所は、①国民にとって身近で、②利用しやすい裁判所であり、③安い費用で簡易・迅速な手続により、④民主的かつ常識的な内容で紛争を解決することをその役割とするものですね。したがって、その役割の実現に資する訴訟手続が要請されることになります。その規律の方法としては、原則的には地方裁判所以上の裁判所と同一の訴訟手続によることとし、これに対する特則を定めるという方式がとられたということになります（兼子一ほか『条解民事訴訟法〔第2版〕』〔弘文堂、2011年〕1491頁以下）。

──簡易裁判所で扱う民事事件

A裁判官 簡易裁判所で扱う主な民事事件を挙げてもらいましょう。
C事務官 簡易裁判所で扱う主な民事事件は次のようなものです。
① 訴訟の目的の価額が140万円を超えない通常訴訟（裁判所法33条1項1号）
② 少額訴訟（民訴法第6編）
③ 支払督促（民訴法第7編）

④　訴え提起前の和解（民訴法275条）
　⑤　証拠保全（民訴法234条）
　⑥　民事調停（民事調停法）
　⑦　民事保全（民事保全法）
　⑧　公示催告（非訟事件手続法第4編）
　⑨　意思表示の公示送達（民法98条）
　⑩　過料事件（住民基本台帳法違反、戸籍法違反）

A裁判官　それでは、通常訴訟で一番多い訴えはどのようなものですか？

C事務官　事件種別としては、貸金業者の事件も含めてですが、やはり貸金請求事件だと思います。それから、最近は交通事故による損害賠償請求事件が多くなっています。

B書記官　本当に交通事故事案が増えましたね。業者事件の単純な立替金請求事案でも1件、複雑な交通事故事案でも1件ですからね。

A裁判官　交通事故事案は事実認定の難しさと審理に要する時間が他の事件と比較しても多く費やされるのが一般的ですからね。

B書記官　ところで、全国の簡易裁判所が扱った事件の種類を司法統計から拾ってみました。平成27年度の少額訴訟から通常移行したものを含んだ既済件数32万1827件中、金銭を目的とする訴えが31万2191件、建物を目的とする訴えが4597件、土地を目的とする訴えが2069件、その他の訴えが3022件となっています。

C事務官　簡易裁判所においては、土地・建物を目的とする訴えに比べると、金銭を目的とする訴えが格段に多いということは、事件受付業務を通して実感できます。

──簡易裁判所の事物管轄

A裁判官　それでは次に進みましょう。訴額（訴訟の目的の価格）によって、簡易裁判所と地方裁判所の管轄が分かれますが、非財産権上の請求の管轄についてはどうなりますか？

C事務官　非財産権上の請求については、民事訴訟費用法4条2項前段の規定により、訴額は160万円とみなされていますので、管轄は地方裁判所にな

ります。
A裁判官 そうですね。しかし、財産権上の訴えで訴額が140万円を超えるものも簡易裁判所で審理されていますが、どのような理由からですか？
C事務官 管轄の合意がなされているからだと思います。訴額が140万円を超えていても、原告と被告の合意により簡易裁判所に訴えることができますので（民訴法11条1項）。
A裁判官 そのとおりですね。貸金業者や信販会社などの契約書には、予め「本店又は支店所在地の簡易裁判所」などと記載した合意管轄の条項が入れられているケースが多く、そのような場合は、訴額にかかわらず簡易裁判所に訴えられてきますね。

——地方裁判所への移送等

C事務官 訴額が140万円以下でも地方裁判所に移送されることがあると聞いたことがありますが、どのような事件が移送の対象になるのでしょうか？
A裁判官 結論としては、地方裁判所で審理されるのが相当な事件ということになります。当事者からの移送の申立て又は職権により、地方裁判所での審理が相当と判断された場合は、地方裁判所に移送することになりますが、これが民訴法18条の裁量移送といわれるものです。しかし、簡易裁判所で審理相当な事件であっても、当事者の申立てがあって、相手方の同意があれば、民訴法19条1項により地方裁判所に移送しなければなりませんし、不動産に関する事件で被告から申立てがあれば、民訴法19条2項により地方裁判所に移送しなければなりません。これが必要的移送といわれるものです。
C事務官 地方裁判所への移送ではありませんが、当事者からの（他の簡易裁判所への）移送の申立ては多いのでしょうか？
A裁判官 少なくはありませんね。被告が遠方の場合に、被告から移送申立がなされてくるケースが多いですね。
B書記官 裁判官が移送の判断で悩むケースの一つとして、個人間のインターネット売買事案がありますね。隔地者間の売買で、内容に争いがある場合には、被告の住所地を管轄する簡易裁判所への移送申立がなされてくるケースですが。

A裁判官 そのような場合にはどちらで審理するのが相当かについて悩まされますね。つまり訴訟の著しい遅滞を避け、当事者間の衡平や訴訟経済上の観点等を総合して判断しなければなりませんので。

──反訴提起に基づく移送

A裁判官 それから、反訴に基づく移送についての民訴法274条の規定がありますが、この規定を説明してもらいましょう。

B書記官 この規定は、簡易裁判所に係属している事件について、反訴が提起され、その反訴請求が地方裁判所の事物管轄に属する場合において、相手方（本訴原告）の申立てがあるときは、簡易裁判所は地方裁判所に移送しなければならないというものです。反訴は本訴の目的たる請求又は防御の方法と関連する場合に認められます（民訴法146条1項）。その理由は、判断の矛盾を避けるために同じ裁判所で併合審判されることが望ましいですので、そこで、簡易裁判所の事物管轄に属さない反訴請求についても本訴とともに簡易裁判所での審理を希望するのか、それとも、反訴請求についての事物管轄のある地方裁判所に反訴とともに本訴を移送させて地方裁判所での審理を希望するのかについて、相手方（本訴原告）に選択権を与えたというものです（秋山幹男ほか『コンメンタール民事訴訟法Ⅴ』〔日本評論社、2012年〕337頁）。

C事務官 民訴法274条2項によれば、反訴に基づく移送決定に対しては、不服申立はできないとなっていますが、その他の移送決定に対しては即時抗告をすることができますね（民訴法21条）。実務上、即時抗告がなされることはあるのでしょうか？

B書記官 即時抗告がないとはいえないですね。即時抗告がなされると、地方裁判所に記録を送付して、抗告審の判断を待つことになります。移送却下決定が維持された場合あるいは移送決定が取り消された場合は、審理を継続することになります。

C事務官 そうですか。移送の点についてはわかりました。

──訴えの提起

A裁判官 それでは、訴えの提起から進めていきましょう。

C事務官 民訴法271条によれば、訴えは口頭でもできることになっていますね。

B書記官 口頭による訴えができることにはなっていますが、ほとんど利用されていないのが実情だと思います。請求事案ごとに定型の訴状が備え付けてありますので、その訴状に記載してもらっていることが多いですね。

A裁判官 訴えの提起については、地方裁判所では訴状提出（民訴法133条1項）の方法のみですね。簡易裁判所では口頭で提起することも許されていますが、もし口頭で提起がなされたとしたらどのような取り扱いになりますか？

B書記官 口頭での提起がされたときは、書記官は口頭受理調書を作成することになります（民訴規則1条）。しかし、口頭受理というよりは、定型訴状の書き方の相談に応じるいわゆる準口頭受理が活用されているのが実情ではないでしょうか。準口頭による訴状の作成でも、実際の訴訟になったときに、「こんなことは言ってない。」、「裁判所がこう書けといったから。」と自分が不利になると裁判所のせいにする当事者も少なくありませんから、難しいものがあるのは事実ですが。

A裁判官 窓口での対応が大変なのはわかります。裁判所にすべて寄りかかってしまう当事者がいないわけではありませんし、そういう人に限って「裁判所は不親切だ。」とか「裁判所は相手方の肩を持つのか。」と文句を言ってくることがありますしね。

C事務官 当事者の中には、法律相談のために来られる方もおりますね。裁判所の窓口は受付相談の範疇にとどまるということを理解していただくのに苦労することがあります。

A裁判官 窓口対応の難しさですね。自分の言い分が認められるかどうかに一番関心があり、その点について執拗に質問してくる当事者がいないわけではありませんからね。

——訴状における紛争の要点の記載

A裁判官 それでは、次に訴状の記載関係に進みましょう。民訴法272条を読んでください。

C事務官 「訴えの提起においては、請求の原因に代えて、紛争の要点を明らかにすれば足りる。」

A裁判官 なぜ、簡易裁判所においては、請求の原因に代えて、紛争の要点を明らかにすれば足りることにしたのでしょうか？

B書記官 民事調停と同様に、本人が自ら申立てをすることが多い簡易裁判所の訴訟手続においても、請求の原因に代えて、紛争の要点を明らかにすれば足りるものとし、厳密な請求（訴訟物）の特定をすることまでは要求しないものとするのが適当であると考えられたからです（法務省民事局参事官室編『一問一答新民訴訟法』〔商事法務、1996年〕321頁）。ここでいう「紛争の要点」とは、紛争の実情の要点と解されています。つまり、いつ、どこで、誰と誰との間に、どのようなことについて、どんな紛争が生じ、それが現在どうなっているのかがわかればよいと解されています。

A裁判官 「紛争の要点」の記載による訴状で問題になることはありませんか？

B書記官 問題として考えられるのは、終局判決をする場合です。つまり「紛争の要点」の記載のみでは要件事実的に不足がある場合です。もっとも実際の実務においては、被告欠席の場合でも欠席判決が可能な程度の要件事実を記載してもらうようにしていますが。

A裁判官 「紛争の要点」の記載が痒いところに手が届かないというようなものがあるのは確かですね。それから、逆に諸事情を長々と用紙数枚にわたって記載してくるものがありますが、何を求め、何を述べたいのか理解に苦しむこともあります。少なくとも相手方が的確な答弁のできる訴状の記載が望まれますね。

──訴状に関する地方裁判所との対比

A裁判官 ここで、まとめとして、地方裁判所等に提出する訴状の一般規定と簡易裁判所の特則を対比してみましょう。

C事務官 先ほど説明がありましたが、地方裁判所等においては、民訴法133条1項により訴状の提出によりますが、簡易裁判所では訴状の提出方法に加えて、口頭による提起もできることになります。訴状の記載事項につい

ては、民訴法133条2項、民訴規則53条1項により、請求の趣旨、請求の原因、重要な事実及び証拠を記載することになりますが、簡易裁判所の特則では民訴法272条により請求の原因に代えて紛争の要点を記載すればよいことになります。訴状の添付書類については民訴規則55条1項に、重要な書証の写しの添付については同条2項に規定されていますが、簡易裁判所においても同じ扱いになります。

──口頭弁論期日の指定等

A裁判官 訴状が受理されると担当係に配てんされ、口頭弁論の期日指定を行うということになりますが、期日を指定するにあたって留意するのはどのような事項ですか？

B書記官 第1回口頭弁論期日は、原告から聴取した事情に基づき、被告に対する訴状副本及び期日呼出状の送達に要すべき期間、第1回口頭弁論期日前の事前準備に要する期間、審理に要する時間の見込み等を考慮しています。

──期日呼出状と送達の関係

A裁判官 民訴法139条には「訴えの提起があったときは、裁判長は、口頭弁論期日を指定し、当事者を呼び出さなければならない。」とありますが、期日の呼出しは呼出状の送達によらなければなりませんか？

B書記官 必ずしも期日呼出状の送達による必要はありません。しかし、送達以外の相当と認める方法を行った場合には、期日請書を提出していない限り、その期日に欠席しても、期日の不遵守による不利益を帰することができません（民訴法94条2項）。そこで、実務の扱いとしては、原告からは期日請書を提出してもらい、被告に対しては、訴状副本とともに期日呼出状を送達しているのが一般的です。

C事務官 被告に対しては、原則として送達の方法によると考えてよいのでしょうか？

B書記官 そうですね。原告の場合は、第1回口頭弁論期日に欠席する可能性は少ないといえるのでしょうが、被告の場合については、欠席ということ

も考えられますので、期日呼出状は送達する扱いが一般的ですね。

──答弁書催告状と答弁書

C事務官 期日呼出状と一緒に答弁書催告状という書面も送達していませんか？

B書記官 そうですね。当庁では、「口頭弁論期日呼出状及び答弁書催告状」という一通の書面にしていますが、期日呼出状と答弁書催告状を別書面にしている庁もあるかもしれません。また、被告が答弁書を容易に作成できるように、定型の答弁書用紙を同封しています。答弁書は、民訴規則83条1項により、被告が原告に直送しなければならないのでしょうが、実務としては、裁判所に2通提出してもらい、書記官が答弁書副本を原告に送達又は送付する扱いをしています。理論的には、答弁書2通が裁判所に提出されたことによって、民訴規則47条4項の書類の送付の申出があったとみることになります（裁判所職員総合研修所『民事実務講義案Ⅲ〔五訂版〕』〔司法協会、2015年〕14頁）。それから、当庁では、被告に対して、答弁書の記載方法や答弁書を提出しないで口頭弁論期日に欠席した場合の不利益などの注意点を記載した「注意書」という書面も同封しています。

C事務官 なかなか親切な取扱いなのですね。やはり、簡易裁判所においては、一般市民の裁判手続の利用を容易にするためという理念があるからなのでしょうか？

B書記官 そうともいえますね。簡易裁判所は、国民にとって身近で、利用しやすい裁判所ということですので、敷居は高くありませんからね。

──個性の強い当事者

A裁判官 大分前の話になりますが、「お金を返していないから刑務所に入れられるんですか？」と法廷で述べたおばあさんがいました。裁判所は怖い所というイメージを持っておられたのでしょうね。昔はそういう方が少なからずおりましたが、今はBさんが言うように裁判所の敷居はけっして高くなく、むしろ裁判所に対して高姿勢で臨んでくる人もいますからね。

C事務官 この間も受付カウンターの前に来て大声で怒鳴り散らす人の対応

をしましたが、そういう人が来ると困ってしまいます。

B書記官 法廷でも大声を出す人がいますよ。相手方を怒鳴りつけ、その代理人を威嚇し、ついでに裁判所にも噛みついてくるという人がいます。また、被告となったことに不満があり、「こんな所に呼び出しやがって！」とか、「裁判所は内容を調べもしないで、勝手に呼び出すのか！」などとくってかかってきた人も私の経験では一人や二人ではありません。

A裁判官 権利意識の高揚とは別の意味でクレーマー的な人が多くなってきているのは確かですね。しかし、事件が解決して、裁判所に感謝して帰られる当事者も多く、このようなときには、心が和みますね。裁判所に噛みついてきた人でも最後は穏やかになって帰っていくことも多いですしね。

──準備書面に関する地方裁判所との違い

A裁判官 話は脱線してしまいましたが、民訴法161条1項と同法276条1項を読んでみてください。

C事務官 民訴法161条1項「口頭弁論は、書面で準備しなければならない。」民訴法276条1項「口頭弁論は、書面で準備することを要しない。」

A裁判官 Bさん、民訴法161条1項と同法276条1項の違いを、同法276条2項、3項の規定を含めて説明してください。

B書記官 簡易裁判所では原則として口頭弁論は書面で準備することを要しないこととしたのは、簡易裁判所は本人訴訟が多いこともあり、答弁書を含む準備書面作成の負担を免除して簡易裁判所の訴訟手続を国民に利用しやすいものとするためです（前掲『コンメンタール民事訴訟法Ⅴ』362頁）。しかし、民訴法276条2項、3項には、準備書面提出の免除の例外が規定されています。つまり、相手方が出頭した場合でも、相手方が準備をしなければ陳述することができないと認めるべき事項は、あらかじめ書面で準備するか、又は口頭弁論期日前に直接相手方に通知していなければなりませんし、相手方が不出頭の場合には、相手方が準備をしなければ陳述することができないと認めるべき事項について主張するためには、相手方に送達されたもの又は相手方からその準備書面を受領した旨を記載した書面が提出されたものに限ること、又は口頭弁論期日前に直接相手方に通知していなければなりませ

ん。

C事務官 「相手方が準備をしなければ陳述することができないと認めるべき事項」というのは、抽象的過ぎてわかりにくいのですが。

A裁判官 確かにそうですね。前掲『コンメンタール民事訴訟法Ⅴ』364頁は、「民訴法276条2項の定める要準備書面とは、相手方が在廷する場合には、訴訟の通常の経過では相手方にとって予想できないような事項をいうものと解し、相手方が在廷せず、161条3項の適用が問題となる場合には、やや厳格に解して、相手方が訴訟の通常の経過から通常予想しうる事項を除く事項と解するのが相当である。」と解説していますが、実際の訴訟の場面においては、要準備書面の事項なのかどうか判断に難しいものがあります。しかし、実務の運用としては、主たる争点についての攻防については準備書面を提出してもらう扱いにしているのが実情ですし、訴訟代理人がついて事実を争う場合には、例外もありますが準備書面の提出がなされるのがほとんどですからね。

B書記官 その例外というのを経験したことがあります。被告訴訟代理人が、事前に答弁書の提出をしないので、口頭弁論期日に持参するのかなと思っていましたら口頭で答弁が行われました。請求原因についての認否を長々と述べ始めましたので、どのように調書に記載すべきか困ってしまいました。裁判官が準備書面の提出を要請してくれたので助かりましたが、準備書面等の作成を省略しようとする訴訟代理人もいるということが勉強になりました。

A裁判官 当事者の委任を受けて訴訟代理人になるのですから、答弁書くらいは作成してほしいですね。

——続行期日における準備書面の陳述擬制

A裁判官 それでは、民訴法277条の規定の説明をお願いします。

B書記官 民訴法277条は、続行期日における準備書面等の陳述擬制について規定したものです。つまり、民訴法158条によれば、最初の口頭弁論期日の場合だけ、裁判所に出頭しない当事者が提出した訴状や答弁書、準備書面等の陳述擬制が認められていますが、簡易裁判所においては、最初の口頭弁

論期日に限らず、続行期日においても当事者が提出した準備書面等は陳述擬制できるというものです。

A裁判官 そうですね。陳述擬制の続行期日への拡張といわれるもので、続行期日でも準備書面等の陳述擬制が認められているということですね。

C事務官 実務でも、準備書面を提出して、続行期日には出頭しないという例はあるのですか？

B書記官 準備書面を提出しただけで争う当事者がいないとはいえないですね。出頭しない理由が単に遠方に居住しているためというものだったり、あるいは出頭できない特別な事情もないという場合もあります。

C事務官 簡易裁判所の手続特則を悪用とまではいえなくともうまく利用する人がいるということですね。

——証拠申出書、書証の写しの提出

C事務官 話が戻るようですが、証拠申出書という書面がファックスされてくることがありますが、この書面の省略はできないのでしょうか？

A裁判官 書面による準備の省略の規定は、主張関係だけでなく、証拠の申出にも適用されると解されています。証拠申出書が提出されるのはほとんどの場合は、訴訟代理人からですね。訴訟代理人がついている場合でも、口頭弁論期日に申出がなされた場合には、特別必要性が認められない限り、証拠申出書は省略という扱いが多いのではないでしょうか。ただ呼出しを要する証人尋問の申出がなされた場合には、尋問事項書の提出を促すことはあります。説明が前後しますが、民訴規則107条1項は、「証人尋問の申出をするときは、同時に尋問事項書2通を提出しなければならない。」と定めていますが、簡易裁判所においては、尋問事項書の提出も省略できると解されています。しかし、証人呼出状に添付するため、あるいは裁判所や相手方当事者が尋問する際の参考にするという趣旨から、提出を促していると理解してください。

C事務官 それでは、書証の写しの提出は省略できないのでしょうか？

A裁判官 簡易裁判所の手続特則の理論上から、書証の写しの提出についても省略できるという考え方もないわけではありませんが、実務では提出を求

めています。参考のため、民訴規則137条1項を読んでみてください。

C事務官　「文書を提出して書証の申出をするときは、当該申出をする時までに、その写し2通を提出するとともに、文書の記載から明らかな場合を除き、文書の標目、作成者及び立証趣旨を明らかにした証拠説明書2通を提出しなければならない。」

A裁判官　この民訴規則137条1項に従えば、書証の写しの提出をしなければならないということになりますね。先ほども述べたように、簡易裁判所の手続特則の理論は別にして、実務の取扱いとしては書証の写しの提出を求めています。ただ、証拠説明書については、難しい事案を除いて特段提出を求めていないのが実情ではないでしょうか。

──書面尋問に関する地方裁判所との違い

C事務官　それから、証拠調べに関してですが、書面尋問の規定がありますが、地方裁判所との違いはあるのでしょうか？

A裁判官　それでは、民訴法278条と同法205条を読んでもらいましょう。

C事務官　民訴法278条「裁判所は相当と認めるときは、証人若しくは当事者本人の尋問又は鑑定人の意見の陳述に代え、書面の提出をさせることができる。」、民訴法205条「裁判所は相当と認める場合において、当事者に異議がないときは、証人の尋問に代え、書面の提出をさせることができる。」

A裁判官　両条文を比較して読んでみると、違いがわかりますね。地方裁判所では証人の尋問に限られますが、簡易裁判所では、当事者本人、鑑定人も書面尋問が可能ということになります。当事者本人の書面尋問が認められた理由として、前掲『一問一答新民事訴訟法』323頁は、「簡易裁判所においては、主張の面では、最初の期日だけでなく、続行期日においても、出頭しない当事者の提出した準備書面等を陳述したものとみなすことができるにもかかわらず、証拠の面では、本人尋問のためには常に出頭を要するものとすると、当事者に不便を強いることになってしまいます。そこで、簡易裁判所においては、裁判所が相当と認めるときは、当事者本人についても、尋問に代わる書面の制度を認めることとし、当事者の負担を軽減することとしているのです。」と解説しています。

C事務官 実務上、書面尋問は活用されているのでしょうか？
A裁判官 全国的なことはわかりませんが、私の知る範囲では、あまり利用はされていないようです。むしろ、書証として当事者本人の陳述書の提出が利用されているのではないでしょうか。

──尋問調書に関する地方裁判所との違い

C事務官 事件によっては証人や本人の尋問がなされると思いますが、尋問調書の省略は可能と教わっていますが。
B書記官 簡易裁判所においては、裁判官の許可を得て、証人等の陳述又は検証の結果の記載を省略することができます。これら調書記載の省略をする場合に、裁判官の命令又は当事者の申出があるときは、書記官は、録音テープ等に証人等の陳述を記録しなければならないとされています（民訴規則170条）。
C事務官 地方裁判所の手続とどこが違うのでしょうか？
B書記官 地方裁判所においても同様の規定がありますが（民訴規則68条）、異なる点は、民訴規則68条の規定は、調書の記載に代えて録音テープ等に記録するということです。ですから、録音したテープ等は記録の一部として添付、保存しておかなければならず、また、訴訟が完結するまでに当事者の申出があれば証人等の陳述を記載した書面を作成しなければなりません。しかし、簡易裁判所においては調書省略の許可があった以上、仮に控訴があったとしても証人等の陳述を記載した書面を作成することを要しませんし、当該録音テープ等も記録の一部となるものではありませんので、これを記録と一緒に控訴審へ送付しなければならないものでもありません。簡易裁判所では通常1、2回の証拠調べにより終結され、集中証拠調べが可能であり、当事者にとっても迅速な判断が得られるとの考慮と控訴率も低いことからこのような制度が導入されたものと解されています。
C事務官 そういうことなのですね。簡易裁判所と地方裁判所の取扱いの違いがわかりました。

――判決書の記載

A裁判官 それでは、民訴法280条の判決書の記載事項に進みましょう。条文を読んでください。

C事務官 「判決書に事実及び理由を記載するには、請求の趣旨及び原因の要旨、その原因の有無並びに請求を排斥する理由である抗弁の要旨を表示すれば足りる。」

A裁判官 この点を簡単に説明してもらいましょう。

B書記官 民訴法280条は、同法253条の特則として規定されたものです。つまり、簡易裁判所の判決書について記載内容の簡略化を認めたものです。少額事件を簡易迅速に処理するという簡易裁判所の性質上、取り扱う事件は、争点が少なく、その内容も比較的単純なものが多く、判決が一審限りで確定することも多い一方で、本人訴訟が多く、一般市民にわかりやすく、親しみやすい審理をするために多くの労力を必要とすることから、判決の記載内容を簡略化することを認め、その余力を審理の充実に振り向けることができるようにしたものです（前掲『コンメンタール民事訴訟法Ⅴ』381頁）。

A裁判官 そうですね。簡易裁判所の判決においては、地方裁判所の判決と違って、主文の導かれる論理的過程を網羅的に記載することに苦慮する必要はなく、訴訟物の特定の観点と当事者が真に判断を求める事項に答えるという観点から必要である事項に的を絞って、簡潔でわかりやすい表現で記載すればよいといわれています。それから、実質的に争いのない事件及び公示送達による事件については、地方裁判所と同様に判決書の原本に基づかないで言渡しをすることができますね（民訴法254条）。これがいわゆる調書判決といわれるものです。

――司法委員の関与

A裁判官 それでは、最後に司法委員について簡単に触れておきましょう。司法委員制度は民間人の社会的良識の導入といわれています。司法委員の任務はどのようなものですか？

B書記官 司法委員の任務は、和解の補助のほか、通常訴訟手続や少額訴訟

手続の口頭弁論の審理に立会い、裁判官の求めにより意見を述べることです（民訴法279条1項）。証拠調べに立ち会った司法委員は、裁判官の許可を得て直接証人等に発問することもできます（民訴規則172条）。

A裁判官　簡易裁判所においては、司法委員の存在なくして、うまく機能しないといっても過言でないように思います。ありがたい存在です。司法委員の身分は非常勤の裁判所職員（国家公務員）になりますが、選任等については、司法委員規則に規定されていますね。さて、訴訟手続に関して、簡易裁判所には特則が定められているということを理解したところで、簡易裁判所の訴訟手続に関する特則の勉強は終了ということにしましょう。

少額訴訟手続

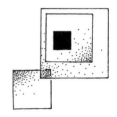

◆この章で学ぶこと
　この少額訴訟手続においては、簡易裁判所に特有な手続として定められた少額訴訟手続の概要や手続の流れ、少額訴訟債権執行制度の流れ等について学習します。少額訴訟は、60万円以下の金銭トラブルを迅速に解決することを目的とした特別な手続であって、柔軟な審理方式が採用されていますので、通常の訴訟手続との違いがあります。また、少額訴訟で債務名義を取得した債権者が、金銭債権に対する強制執行に限り、簡易裁判所において債権執行の手続を行うことができるという少額訴訟債権執行制度がありますので、その制度の具体的な流れはどうなるのだろうかなどの疑問を持ちながら読み進めていきましょう。

A裁判官　簡易裁判所の民事手続では、利用者は、「民事訴訟」、「民事調停」、「支払督促」といった手続を選択できますが、少額訴訟手続というのは、民事訴訟手続の範疇に入りますね。今回は、その少額訴訟手続の勉強ということになります。

──少額訴訟手続の概要

A裁判官　ところで、少額訴訟手続は、平成10（1998）年1月1日に施行された現民事訴訟法によって設けられ、民事訴訟法第6編に「少額訴訟に関する特則」が規定されています。少額訴訟は、「金銭トラブルは少額訴訟でスピード解決！」というのがうたい文句になっていますが、少額訴訟手続が設

けられたのはどのような理由からでしょうか？

B書記官 小規模な紛争について、少しでも一般市民が訴額に見合った経済的負担で迅速かつ効率的な解決を裁判所に求めることができるようにすることを目的として、民訴法368条以下に少額訴訟に関する特則が創設されたといわれています。

A裁判官 そうですね。簡易裁判所は、三審制の下で、地方裁判所とともに第一審裁判所として位置づけられていて、民訴法270条以下に簡易裁判所の訴訟手続に関する特則が設けられてはいるものの、基本的には地方裁判所と同一の訴訟手続が適用されることが前提となっています。このため、簡易裁判所の管轄に属する訴訟事件の中でも、特に少額であり、しかも複雑困難でないものについては、手続として当事者に負担が重いという面がありました。そこで、Bさんが説明してくれたような理由で、一般市民が身近な紛争解決手段として設けられた手続が少額訴訟手続ということになります。

C事務官 少額訴訟手続は、平成10年から始まったということですが、受付窓口におりますと、最初から少額訴訟手続を念頭において申立ての相談に来られる方が多いように感じます。その意味でも少額訴訟は一般に浸透してきたということですね。

B書記官 少額訴訟の受付相談を担当しての感想ですが、インターネットによって情報を得たという人、消費者センターや労働基準監督署、各種法律相談などで、少額訴訟を勧められたという人が多いので、私自身としても、国民の間に少額訴訟が定着してきたと感じています。

A裁判官 少額訴訟手続に関しては、日本の制度化は遅かったとも言えるのでしょうが、国民の間に確実に浸透はしていますね。

B書記官 少額裁判制度は、アメリカやドイツなどでは早くから法整備がなされていたということを聞いていますが。

A裁判官 そうですね。アメリカでもドイツでも早くから少額裁判制度は実施されていたようです。ドイツの裁判官が日本の裁判制度について視察に見えられた折に、ドイツの制度について伺ったことがありますが、一定額以下の請求については少額訴訟と定められているとのことでした。日本では少額訴訟にするのかどうかについては当事者の選択ですからね。

──ニューヨークの少額裁判を傍聴して

A裁判官 ところで、ニューヨークの少額裁判の夜間法廷を傍聴したことがありますので、その時に感じた事を話させていただきます。夜間法廷は午後6時に開廷します。時間になると法廷前の広い廊下に待っていた当事者等が200人程収容できる大法廷に吸い込まれるように入廷します。それまでは、廊下に備え付けられたソファに座ってハンバーガーを食べている人、コーヒーを飲んでいる人、雑談している人、窓辺で佇んでいる人など様々な待ち方をしていました。法廷では、事件番号と当事者名が読み上げられると、当事者双方は次々に裁判官が座っている法壇の前に行きます。法壇は、日本の標準的な法壇の高さよりは高く、法壇の前には当事者が資料を広げることができる棚のようなものが設置されています。当事者に対して、裁判官が事件の内容確認と内容を争うかどうかを質問し、争いがなければ別室において日本でいう和解の話し合い、争いがあれば、やはり別の部屋に行って審理の期日の打合せをするというもので、流れ作業のようなものでした。その意味では、日本における少額訴訟手続の時間配分と当事者に対する手厚さというものとのギャップを感じました。それから、大きな法廷に、年齢、性別、人種がまちまちの人たちが入っているにもかかわらず、法廷の厳粛さが保たれていたのには一種の感動を受けました。

C事務官 日本では、少額訴訟でも難解と思われる事件と容易と思われる事件の事案によって、それなりの審理時間を想定して期日と時間を定めていますが、その点ニューヨークの少額裁判とは違うということになるのでしょうか？

A裁判官 そうですね。日本では、その日のうちに解決に導くために事案によりそれなりの幅を持たせて時間を設定していますからね。また、当事者双方に対しても、事件の申立てから終局まで、書記官による連絡・調整など手厚く行っていますよね。

B書記官 少額訴訟担当の書記官としては、そのようにするのが当然と思っていましたが、国によって違いがあるのですね。

A裁判官 そうですね。この間、在外研究員として日本に留学している韓国

の裁判官が東京簡易裁判所の少額訴訟の法廷傍聴にみえて、その折りに韓国の少額訴訟手続のことなどを伺ったのですが、日本の手続は、韓国の手続とは違っていましたね。

――韓国の制度

B書記官 日本では、原告の申立てにより少額訴訟になりますが、韓国では、訴訟の目的の価額が一定の額の範囲内であれば、自動的に少額事件として処理されると聞いたことがありますが。そういう点はドイツの制度と同じということですね。

A裁判官 そうですね。訴額が2000万ウォンを超えない金銭その他の代替物、有価証券の一定の数量の給付を目的とするものは、少額事件の手続による審理を求める旨の申述なくして、自動的に少額事件となるようです（韓国：少額事件審判規則1条の2）。それから、日本のように、原告の利用回数を10回とするような回数制限はありません。もちろん原則1回の期日で審理を終わらせるという点においては、日本と同じですが。意外に思ったことは、裁判官は、必要と認定したときには、職権で証拠調査をすることができるという規定です（韓国：少額事件審判法10条）。日本では、職権による証拠調べはできませんからね。

C事務官 外国の手続を知るというのも面白いですね。でもその前に、日本の少額訴訟手続をきちんと把握しておかなければならないということですね。

A裁判官 それでは、まず少額訴訟に関する条文に当たることが大切ですね。少額訴訟の手続については、民事訴訟法の何条に規定されていますか？

C事務官 第6編、368条から381条までが少額訴訟に関する特則として規定されています。

――少額訴訟の要件

A裁判官 まず、少額訴訟の要件を述べてもらいましょう。

C事務官 訴訟の目的の価額が60万円以下の金銭の支払を請求する訴えが対象となります。ですから、建物明渡請求などの物の引渡請求、所有権確認

請求や債務不存在確認請求などは少額訴訟で申立てることはできません。

A裁判官 そうですね。訴額が60万円以下ということですが、附帯請求である利息や遅延損害金は訴額に算入されますか？

C事務官 附帯請求の利息や遅延損害金は訴額に算入されないと教えられています。

A裁判官 そうですね。附帯請求は訴額に算入されないですね。しかし、1件の申立事案で併合請求の場合には、合算した額が60万円以下であることが必要になります。

── 一部請求について

C事務官 それでは、例えば、被告に対する貸金が120万円なのですが、少額訴訟にするためにその一部の60万円ずつに分割して請求することは可能なのでしょうか？

A裁判官 一部請求の問題については、1個の債権の数量的な一部についてのみ判決を求める旨を明示して訴えが提起された場合に、一部請求についての確定判決の既判力は残部の請求に及ばないという判例（最判昭和37年8月10日民集16巻8号1720頁、評釈論文・別冊ジュリスト115号〔1992年〕318頁、民商法雑誌48巻5号〔1963年〕111頁）がありますので、少額訴訟においても一部請求は認められると考えられます。ですから、120万円のうちの60万円について判決を求めるということを明示して訴えを提起することは可能ということになりますね。もし、事案によって一部請求が制度の濫用と解される場合には、職権による通常移行を検討すればよいことになりますね。

──少額訴訟の審理の基本原則

A裁判官 ところで、少額訴訟の審理の基本原則はどうなっていますか？

B書記官 民訴法370条において、「少額訴訟においては、特別の事情がある場合を除き、最初にすべき口頭弁論の期日において、審理を完了しなければならない。」と規定し「一期日審理の原則」を定めています。このことから、当事者は、期日前又は期日において、すべての攻撃、防御の方法を提出しなければなりませんし、証拠調べは即時に取調ができる証拠に限りするこ

とができるということになります。

C事務官 そうすると、1回の期日において、すべての攻撃又は防御の方法を提出させ、証拠も整理させるとなると、書記官の事前準備における役割が重要になるということですね。書記官の方は苦労しているのでしょうね？

B書記官 そうですね、一番気を遣うのは、当事者双方に対する手続教示や事前準備の示唆の際に、裁判所の公平な立場を疑われないようにすることです。当事者にはいろんな性格の方がいますし、年齢層もまちまちですから。

A裁判官 訴訟全般に言えることですが、確かに書記官の事前準備は大変ですね。少額訴訟の場合は、なおのこと書記官の事前準備があってスムーズな訴訟運営が可能となりますからね。

C事務官 それから、少額訴訟では反訴を提起することはできないということになっていますね。この規定も「一期日審理の原則」とも関係があるということになるのですね。

A裁判官 そうですね。反訴の提起が許されることになると、一期日で審理することは無理になるという考えからなのでしょうし、被告が反訴を提起したければ、通常移行の申述をして、通常訴訟で争えばよいことになりますからね。ついでの民訴法373条1項を読んでみてください。

C事務官「被告は、訴訟を通常の手続に移行させる旨の申述をすることができる。ただし、被告が最初にすべき口頭弁論の期日において弁論をし、又はその期日が終了した後は、この限りでない。」

A裁判官 通常移行の申述があれば、その段階で通常の手続に移行することになります（民訴法373条2項）。また、通常移行については、職権でしなければならない場合もあります。ついでですから、Bさん、民訴法373条3項の1号から4号まで簡単に説明してください。

B書記官 職権で移行しなければならないのは、次の場合です。

1　民訴法368条1項の規定に違反した申立てがあった場合。例えば、60万円を超える金銭の支払いを求めた場合や少額訴訟の申立てが10回を超えていた場合などです。

2　少額訴訟の申立て回数を届出ることを命じたのに、その期間まで届出なかった場合

3　被告に対する最初の呼出しが公示送達によらなければならない場合
　4　少額訴訟により審理、裁判するのが相当でないと認められる場合

C事務官　4の「少額訴訟により審理、裁判するのが相当でないと認められる場合」というのは、どのようなものが考えられるのですか？

B書記官　事案が複雑、困難なものと考えられる場合や、複数の証人尋問が予定される場合など、一期日で審理を終了することができないと認められる場合になります。

──即時に取調ができる証拠に関して

A裁判官　ところで、「一期日審理の原則」という命題から民訴法371条は、「証拠調べは、即時に取り調べることができる証拠に限りすることができる。」と規定していますが、即時に取調ができる証拠という点で問題になるのは証人尋問です。同行証人は問題がないとしても、呼出証人についてはどうでしょうか？

C事務官　消極の考えもあるのでしょうが、理論的には、事前の証拠の申出があり、裁判所で呼び出して欲しいとの申請があった場合には、期日外に採用して呼び出すことも可能なのではないかと思います。

A裁判官　そうですね。私も積極説です。この点においては、送付嘱託等の申出についても当てはまります。実務においても、交通事故の損害賠償請求事件等では、検察庁の関係資料を期日前に送付嘱託する例があります。

──証人の宣誓

A裁判官　ところで、民訴法372条1項は、「証人の尋問は、宣誓をさせないですることができる。」と規定しています。宣誓をさせないですることができるという理由はわかりますか？

B書記官　少額訴訟は、訴訟に関する知識経験の乏しい一般市民を利用者として想定しています。そのような一般市民にとって利用しやすく、わかりやすい手続とするためには、柔軟な審理方式を採用し、事件の内容や証人の都合などに応じて臨機応変に立証することができるようにすることが適当だと考えられたからです（法務省民事局参事官室編『一問一答新民事訴訟法』〔商事

法務、1996年〕411頁)。

A裁判官 そうですね。要するに、少額訴訟では、当事者等が形式張らずに気軽に発言できるような柔軟な審理方式をとるということですね。しかし、事件の内容や当事者の所作言動等から、形式的な手続を踏むことによって偽証を牽制した方が適当であると判断された場合には、宣誓をさせるのが相当ということもあります。それから、証人、本人の尋問は、裁判官が相当と認める順序ですることができますので、申請した当事者の尋問の前に裁判官が先に尋問することなども可能となります。

── 一体型審理

C事務官 ところで、少額訴訟では、よく一体型審理といわれますが、具体的にはどのような審理方法になるのでしょうか?

A裁判官 端的に言えば、主張と証拠調べの分離を考慮せずに審理を一体のものとして柔軟に行うということです。当事者から事情を聴く場合も、証拠調べとして行う旨明確に告知してから事情を聴取するという方式を採らず、双方から事情を聴いて事実関係を解明するといった方法になりますので、審理の冒頭に当事者に対して、「この法廷で述べることは裁判をするうえでの資料(証拠)となります。」という趣旨の注意を与え、一方当事者から事情を聴いた場合には他の当事者に反論の機会を与えるようにしているのが実務の取扱いです。

C事務官 一体型審理というのは、少額訴訟手続だけで行われているのでしょうか?

A裁判官 そうとも言い切れないですね。簡易裁判所では、訴訟手続に不慣れな一般市民による利用が多いので、通常訴訟でも一体型審理の方式による場合の方が真相解明に功を奏する場合があります。

B書記官 確かに当事者訴訟の場合には、一体型審理の方がわかりやすいし、当事者も自分の言い分を聴いてもらったという感覚が大きいようですね。

A裁判官 当事者の言い分をじっくり聴くという意味においては、司法委員の存在も大きいですね。特に少額訴訟においては、一般の民事訴訟と比べて

司法委員の関与率がかなり高いといえます。

――少額訴訟の判決

A裁判官 ところで、少額訴訟においては、相当でない場合を除き、口頭弁論の終結後直ちに判決の言渡しをしなければなりません（民訴法374条1項）。このことも「一期日審理の原則」から導き出されることですね。

C事務官 でも、実務では即日言渡しでなく、別期日に言渡している場合もあるようですね。

A裁判官 それは即日言渡しが相当でないと判断されたからでしょうね。裁判官各自の考えがあるのでしょうが、私の場合は、争いが激化し感情的になっている場合や判決理由をしっかり書きたい場合等には即日言渡しはしないで、別に言渡し期日を指定しています。

B書記官 当事者が感情的に対立している場合に、その場で判決をすると火に油を注ぐようなことになりかねないということがわかります。

A裁判官 逆の言い方をすれば、当事者に感情的な対立がなく、争点に対して相手方の言い分をきちんと聞ける姿勢があれば、和解で終了する確率が高くなりますからね。

――判決による支払いの猶予

A裁判官 ところで、少額訴訟判決に特有なものがありますね。まず、民訴法375条1項を読んでみてください。

C事務官 「裁判所は、請求を認容する判決をする場合において、被告の資力その他の事情を考慮して特に必要があると認めるときは、判決の言渡しの日から3年を超えない範囲内において、認容する請求に係る金銭の支払について、その時期の定め若しくは分割払の定めをし、又はこれと併せて、その時期の定めに従い支払をしたとき、若しくはその分割払の定めによる期限の利益を次項の規定による定めにより失うことなく支払をしたときは訴え提起後の遅延損害金の支払義務を免除する旨の定めをすることができる。」

A裁判官 同条2項は、「前項の分割払の定めをするときは、被告が支払を怠った場合における期限の利益の喪失についての定めをしなければならな

い。」と規定しています。民訴法375条1項、2項の規定は、端的に言えば、3年以内の支払猶予、あるいは3年以内の分割判決ができるというものですね。

B書記官 分割払いの関係については、和解に代わる決定とも似ていますね。

A裁判官 よく気が付きましたね。確かに民訴法275条の2に規定されている和解に代わる決定でも、支払いの猶予と分割払いの定めをすることができますね。ただし、和解に代わる決定では「5年を超えない範囲内で」となっていますので、期間の点が違ってきますね。

C事務官 少額訴訟において、5年の分割払いが相当と考えられたときには、判決はできませんので、そのような場合、和解に代わる決定を利用することはできないのでしょうか？

A裁判官 結論としては可能ですね。民訴法275条の2は簡易裁判所の訴訟手続に関する特則として規定されていますので、少額訴訟にもこの特則が適用されるからです。このような場合、通常手続に移行させるのかどうかということになります。どのように考えますか？

B書記官 通常手続に移行させるという考えもあるようですが、実務的には少額訴訟手続のまま和解に代わる決定をしているのではないでしょうか。

A裁判官 そうですね。少額訴訟手続のまま和解に代わる決定をしても問題はないでしょうね。なお、和解に代わる決定の詳しい点については、第7章の「和解手続」で勉強することにしましょう。

——少額訴訟債権執行制度

A裁判官 少額訴訟の定着化の側面として、平成17年4月1日から実施された少額訴訟債権執行制度というのがありますね。Bさん、少額訴訟債権執行制度の概要を話してくれませんか？

B書記官 少額訴訟で債務名義を取得した債権者が、金銭債権に対する強制執行に限り、簡易裁判所において債権執行の手続を行うことができるという制度です。この制度は、軽微な事件を簡易迅速に解決するという簡易裁判所の特性を考慮して創設されたものですので、取り扱う債務名義を限定すると

ともに、債権者が転付命令等の換価手続を求めた場合や配当が必要となった場合等には、地方裁判所における通常の債権執行手続に移行させることとされています。もちろん、少額訴訟債権執行制度を利用できる場合であっても、地方裁判所における通常の債権執行手続も利用できます。

――少額訴訟債権執行の申立てができる債務名義

A裁判官 それでは、少額訴訟債権執行の申立てができる債務名義というのはどのようなものですか？

B書記官 民事執行法167条の2に規定されていますが、次に挙げるものです。

① 少額訴訟における確定判決
② 仮執行宣言を付した少額訴訟判決
③ 少額訴訟における訴訟費用又は和解の費用の負担の額を定める裁判所書記官の処分
④ 少額訴訟における和解調書、認諾調書
⑤ 少額訴訟における民訴法275条の2第1項の規定による和解に代わる決定

この中で執行文が必要となるのは、③、④、⑤の債務名義です（民事執行法25条）。しかし、承継等があったときは、すべての債務名義に承継執行文等が必要になります（民事執行法27条）。

なお、通常手続に移行した事件の確定判決や和解調書については、地方裁判所での執行手続となります。

――申立書が申立先を誤って提出された場合

C事務官 少額訴訟債権執行の申立先は決められていると思いますが、もし、申立先を誤って申立書が提出された場合は、移送ということになるのでしょうか？

B書記官 少額訴訟債権執行の申立先については、民事執行法167条の2第3項の各号に定める簡易裁判所の書記官となっています。そして、少額訴訟債権執行の申立ては書記官の処分を求める手続であって、管轄という概念が

ありませんので、民事執行法16条の準用はなく、移送はできませんので、却下処分になってしまいます。それから、少額訴訟債権執行の申立てることができない債務名義に基づいて申立てがされた場合も、却下することになります。

──差押え可能な債権

C事務官　わかりました。それから、窓口で時々「どのようなものを差し押さえれば良いのですか？」と聞かれることがありますが、具体的にはどのようなものがあるのですか？

B書記官　簡易裁判所で扱えるのは、預貯金債権、給料債権、賃料債権、敷金債権など対象債権の特定に問題の少ない定型的な金銭債権ですね。それ以外の債務者が持っている債権や不動産や動産などの財産を、強制執行手続によってお金に換えようとするのであれば、それぞれ押さえるべき財産によって、具体的な執行機関（債務者の住所地を管轄する地方裁判所や執行官など）が異なることがありますので、その執行機関に問い合わせてもらうのが良いと思います。

C事務官　銀行預金の差押えの場合、債務者の口座番号まで調べる必要はあるのですか？

B書記官　銀行預金の差押えの場合は、債務者が取引している銀行の支店名とその住所がわかれば、口座番号までわからなくとも手続は可能です。

──申立てから取立までの手続の流れ

C事務官　申立てから取立までの手続の流れはどうなるのですか？
B書記官　手続の流れは次のようになります。

申立て　⇒　差押処分　⇒　第三債務者へ送達　⇒　債務者へ送達　⇒　債権者へ送達　通知　⇒　差押債権の存在　⇒　取立て

第2章　少額訴訟手続

また、金銭債権を差し押さえた債権者は、送達通知書に記載された債務者に対する差押処分の送達日から1週間を経過すると、第三債務者から債権の取立てをすることができるようになります（民事執行法155条、167条の14）。

C事務官　第三債務者から債権の取立てをすることができるようになるということですが、どのようにすればよいのでしょうか？

B書記官　債権者は、自ら、第三債務者に連絡を取って、振り込みや送金を依頼するなどの取立行為を行うことになります。債権者が取立てをすることができることになる満了日が土、日、祝日、年末年始に当たるときにはその翌日に期間が満了しますので、取立権の発生はその翌日からとなりますので、その点は要注意ですね。

――差押えに係る債権の存否や額について争いがある場合

C事務官　わかりました。それでは、差押えに関する債権について争いがあるときは、どうなるのでしょうか？

B書記官　差押えに係る債権の存否や額について、第三債務者と債権者、あるいは第三債務者と債務者との間で争いがあるときは、取立訴訟という裁判手続で解決するという方法がありますね。

――取立届と取立完了届

C事務官　争いがなく、債権者が第三債務者から取立てを終了した場合はそれで終了ということになるわけですね？

B書記官　それで手続が終了したということではありません。第三債務者から取立てをしたときには、その都度、取立届を裁判所に提出することになりますし、全額を取立てたときは、取立完了届を提出することになります。取立完了届又は取立届の提出により事件は終了しますが、残債権があれば債務名義の還付を求めることができます。

――請求債権に加えることができる執行費用

C事務官　わかりました。それから、申立てに際して執行費用も請求債権に

加えることもできると思うのですが、どの範囲で可能なのでしょうか？

B書記官 少額訴訟債権執行における執行費用の典型的なものは次のようなものです（民訴費用法別表第1）。

① 申立手数料（4000円×債務名義の数）
② 申立書作成及び提出費用（一律1000円）
③ 差押処分正本送達費用
④ 資格証明書交付手数料（実費）
⑤ 送達証明申請手数料
⑥ 執行文付与申立手数料

C事務官 ありがとうございます。これで、少額訴訟債権執行手続の具体的な流れについて、窓口で自信をもって答えられるような気がします。

A裁判官 Bさんはさすがに債権執行を経験しているだけに詳しいですね。債権執行というのは、書記官の執務として大変なものがありますし、権限としても大きなものがありますので日々の研鑽が大切ということですね。それでは、少額訴訟手続と少額訴訟債権執行手続についての勉強はこの程度にしましょう。

 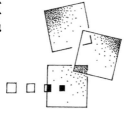

第3章 支払督促手続

◆この章で学ぶこと

　この支払督促手続においては、簡易裁判所の民事手続の一つである支払督促の概要、申立手続、申立書類、仮執行宣言の申立等の手続の流れについて学習します。支払督促手続は、訴訟手続に依らなくとも早期に債務名義を取得できる「簡単・迅速・安価」な手続といえます。書面による審査のみで支払督促が発付されますので、債務名義はどの段階で取得するのか、債務者から異議申立があった場合どうなるのかなどの手続に対する疑問を持ちながら読み進めていきましょう。

A裁判官　支払督促は、簡易裁判所の民事手続の一つになります。旧法下では「支払命令」という名称で、簡易裁判所の裁判官の権限とされていたのですが、平成10年1月1日に施行された現民事訴訟法において、名称が「支払督促」となり、権限も簡易裁判所の書記官のものとなりました。今回は、民訴法第7編（382条から402条まで）に規定されている「督促手続」についての勉強になります。

──支払督促の概要

A裁判官　支払督促は送達手続事務同様に書記官の権限になりますね。早速ですが、Bさんに支払督促の概要を簡単に説明していただきましょう。
B書記官　簡単に言いますと、次のようなものです。
　1　金銭の支払又は有価証券若しくは代替物の引渡しを求める場合に限り

ます。
2 督オンシステムを除いて、相手方の住所地を管轄する簡易裁判所の書記官に申立てます。
3 書類審査のみなので、訴訟の場合のように審理のために裁判所に来る必要はありません。
4 手数料は、訴訟の場合の半額となります。
5 債務者が支払督促に対し異議を申立てると、請求額に応じて（140万円を超えるかどうかによって）、地方裁判所又は簡易裁判所の民事訴訟手続に移行します。

A裁判官 「督オンシステム」という言葉がありましたが、これは、督促手続オンラインシステムの略称ですね。「督オンシステム」は、実務の実情として、主に信販会社等が利用していることなどもありますので、最後に触れることにして、ここでは一般的な書面による申立てによる手続についての勉強から始めましょう。ちなみに、平成27年度の支払督促の新受件数は23万6192件となっていますので、利用度の高い手続と言えると思います。

——申立手続

A裁判官 それでは早速、申立手続についての問題になりますが、Cさん、ファックスによる申立てはできますか？

C事務官 支払督促申立書は、手数料を納付しなければならない申立てに係る書面ですので、ファックスによる申立てはできません。

A裁判官 それでは、支払督促申立書の具体的な記載事項はどうなりますか？

C事務官 訴状と同じ記載になりますので、当事者及び法定代理人と請求の趣旨及び原因を記載しなければなりません（民訴法133条2項）。
　具体的には、当事者の表示として、
① 当事者の住所（法人の場合は本店所在地、主たる事務所の所在地）、郵便番号、氏名（商号、名称）、電話番号、ファックス番号
② 債権者の送達場所（民訴規則41条1項、2項）
③ 法定代理人がいる場合には、その住所、郵便番号、資格、氏名、電話

番号、ファックス番号
④　債権者代理人による申立ての場合には、代理人の住所、郵便番号、資格、氏名、電話番号、ファックス番号
⑤　請求の趣旨の記載も、訴状と同じになりますが、「支払督促」を求める旨の表示が必要になります。
⑥　請求の原因は、訴訟物の特定に必要な事実を記載することになります。

A裁判官　支払督促申立書の記載事項は訴状を念頭においておけばよいということになりますが、請求の原因で注意しなければならない点がありますね。Bさん、それはどういう点でしょうか？

――申立書記載の注意点

B書記官　簡易裁判所に対する訴えの提起においては、請求の原因に代えて紛争の要点を明らかにすれば足りる（民訴法272条）ことになりますが、督促手続は、簡易迅速に債権者に債務名義を取得させるという性質上、申立時に請求が特定されている必要があることから、民訴法272条は準用されていません。それから、実務上は、債務者が不服の有無を判断しやすいように、支払済みの額や、最後に支払った日、債権譲渡等の承継の事実等の記載も要求されているのではないでしょうか。

A裁判官　そうですね。請求の原因を明確にしなければなりませんね。また、請求の目的が手形金又は小切手金の請求であって、債務者が督促異議を申立てたときに手形訴訟又は小切手訴訟による審理及び裁判を求めるものである場合には、その旨を申立書に記載する必要がありますね（民訴法366条1項、367条2項）。続いて、Cさん、付属書類の提出として考えられるものはどのようなものがありますか？

――提出する付属書類

C事務官　提出すべきものは次のようなものが考えられます。
①　委任による代理人申立てのときには、「代理委任状」
②　会社その他の法人が当事者のときには、「代表者事項証明書等の登記

事項証明書」
　③　当事者が未成年者のときには、法定代理権を証するため「戸籍謄（抄）本」
　④　当事者が成年被後見人のときには、法定代理権を証するため「登記事項証明書、審判書謄本等」
　⑤　当事者が被保佐人のときには、訴訟能力を証するため「保佐人の同意書及び登記事項証明書、審判書謄本等」
　⑥　手形訴訟又は小切手訴訟による審理及び裁判を求める申述があったときには、「手形又は小切手の写し」

A裁判官　そうですね。そのような付属書類が申立書提出時に必要ということになります。ところで、申立手数料は、訴訟の場合の半額になるということでしたね。それから、債務者に対する送達用の切手を納めてもらう必要もあります。

——支払督促申立てによる効力

A裁判官　それから、支払督促申立てによって何らかの効力が生じることになりますが、具体的に生じる効力を説明してください。

B書記官　訴訟法上の効力と実体法上の効力があります。訴訟法上の効力としては、支払督促申立てにより二重起訴禁止の効力が生じます（民訴法142条）し、実体法上の効力としては、時効中断の効力が生じます（民訴法147条、民法147条1項）。ただし、法定の期間内に仮執行宣言の申立てをしなかったため、支払督促が失効したとき（民訴法392条）には、時効中断の効力は生じなかったことになります（民法150条）。

——数個の請求を併合しての申立て

C事務官　支払督促を申立てる場合、数個の請求を併合して申立てることはできますか？

B書記官　各請求について併合の要件を備えていれば可能になりますが、主観的併合（共同訴訟）の場合は、民訴法38条の共同訴訟の要件を備えているだけではなく、更に各請求について申立先が共通している場合に限られ

ことになります。具体的にいえば、Aという債務者とBという債務者に対して、一通の申立書によって支払督促をする場合、民訴法38条の「目的である権利又は義務が数人について共通であるとき、又は同一の事実上及び法律上の原因に基づくとき」という要件とAとBの所在地が同じ管轄の簡易裁判所でなければならないということです。なお、別々に申立てられた支払督促を併合するというような後発的な併合は、支払督促の性質上から許されないと解されています。

C事務官 主観的併合の場合、請求する内容に共通の原因があったとしても、例えば貸金請求において、主債務者のAの住所地が横浜で、連帯保証人のBの住所地が神戸というような場合は、AとBを併合して同一の簡易裁判所には申立てられないということですね？

B書記官 そういうことになります。

──申立書の却下事由と具体例

A裁判官 支払督促申立てがあった場合、発付前に申立書の審査を行うことになりますが、民訴法386条1項によれば、「支払督促は、債務者を審尋しないで発する。」とありますので、審査の対象になるのは申立書のみになるということは、Bさんに説明してもらいました。そこで、審査の内容は、形式的要件と実質的要件の双方について行うことになりますね。審査の上、申立書に不備があれば、任意の補正を促し、また、却下事由に当たる場合には、却下処分を検討することになりますが、その却下事由として考えられるものを挙げてください。

B書記官 却下事由として考えられるのは、①支払督促申立書に不備があった場合と、②支払督促の申立てが不適法な場合又は申立ての趣旨から請求に理由がないことが明らかな場合があります。

C事務官 具体的にはどのような場合ですか？

B書記官 具体的に例を挙げればつぎのようなものがあります。

① 支払督促申立書に不備があった場合というのは、申立書に当事者や代表者、請求の趣旨等の必要的記載事項が記載されていないときや不明確なとき、それから、申立手数料として、適正額の収入印紙が貼付されて

いないとき等をいいます。
② 支払督促の申立てが不適法な場合又は申立ての趣旨から請求に理由がないことが明らかな場合というのは、当事者能力の欠缺や訴訟能力、法定代理権、訴訟代理権の欠缺、二重申立て、申立先違いなどの一般の訴訟要件を欠くとき、給付の目的物に関する制限に反するときや債務者に対する送達の場所が日本国内に存在しないとき又は公示送達以外の方法では送達できないことが明らかなとき等、督促手続の特別要件（民訴法382条、385条1項）を欠くときをいいます。

――支払督促正本の送達関係

C事務官 申立書の審査を経て、問題がなければ支払督促を発付するということになるわけですね。債務者に対しては、支払督促正本を送達しますが、債権者には送達しないのでしょうか？

B書記官 債権者には、支払督促発付通知をします（民訴規則234条2項）が、支払督促正本を送達することはしません。債権者は、支払督促の内容を知っているので、発付されたことを通知すれば、その後の手続を進めることが可能ということから通知で足りるとされたようです。ちなみに、債務者に対して送達するというのは、仮執行宣言前の督促異議申立ての期間（民訴法391条1項）を明らかにし、仮執行宣言の申立てが法定期間内（民訴法391条1項、392条）かどうかを確定するための重要な意味を持っているからです。

C事務官 それでは債務者に送達できなかった場合はどうなるのでしょうか？

B書記官 調査の結果、債務者の住所が支払督促を申立てる前から管轄外にあった場合や所在不明という場合には、支払督促の要件が欠けることになりますので、訴訟のように手続を進めるということはできません。それから、債務者に対する支払督促正本の送達ができなかったことの通知を債権者が受け取った日から2か月の不変期間内に新たに送達すべき場所の届出をしないときは、支払督促の申立てを取下げたものとみなされます（民訴法388条3項）。

A裁判官 そういうことですね。支払督促正本が債務者に送達され、債務者

から2週間以内に異議申立てがなければ、債権者は仮執行宣言の申立てをすることになりますね。異議申立ての関係については、仮執行宣言後の異議申立てと一緒に進めることにしましょう。

——仮執行宣言手続前までの支払督促手続の流れ

A裁判官 ここで、簡単に仮執行宣言手続前までの支払督促手続の流れを捉えておきましょう。Bさん、簡単に図示してくれませんか。
B書記官 簡単に図示しますと次のようになります。

（債権者）申立書提出 ⇒ （裁判所）受理・審査・支払督促発付 ⇒ 債務者：支払督促正本受領 ⇒ 異議申立書提出 ⇒ 訴訟手続へ移行 ⇒ 債権者：支払督促発付通知受領 ⇒ 仮執行宣言申立書提出（債務者が正本を受領してから2週間経過後30日以内）

——仮執行宣言申立

A裁判官 図にあるように、債務者が支払督促正本を受領してから2週間を経過すると、債権者は、仮執行宣言の申立てができますね。この仮執行宣言というものはどのような性質を持つものですか？
B書記官 仮執行宣言は、支払督促に執行力を付与する書記官の処分です。仮執行宣言を付した支払督促は、債務者に送達されることにより、確定を待たずに執行力を生じ、債務名義となりますので、重要な意味を持ちます。
A裁判官 それでは、仮執行宣言の申立てに関してですが手数料はどうですか？
B書記官 手数料は不要です。ですから、ファックスによる申立てが可能かどうかという問題が生じます。可能と考える立場もあるようですが、手数料が不要でも、仮執行宣言付支払督促正本の送達費用（郵便切手）を添付する

必要があること、仮執行宣言申立ては支払督促の終了事由とも関連するものであることなどから、民訴規則3条1項2号の訴訟手続の開始をさせる書面に準ずるものとして、ファックスを利用して提出することは認められないという考えで実務は運用されているようです。

――請求の一部に対して仮執行宣言を申立てることの可否

A裁判官 仮執行宣言申立ての範囲ですが、請求の一部に対しても申立てることができますか？

B書記官 それは可能です。支払督促による請求の全部に対してできることは当然ですが、数個の請求の一部又は一個の請求の一部分についても申立てをすることができることになっています。

――仮執行宣言の発付と債務者に対する送達

C事務官 仮執行宣言の発付というのは具体的にどのような形式になるのですか？

B書記官 債権者による仮執行宣言の申立てが適法であって、事件記録によって支払督促正本の送達報告書を調査した結果、仮執行宣言の要件が認められるときは、仮執行宣言を発付しますが、その方式は、支払督促の原本に手続費用額を付記して、仮執行の宣言文を記載することになります（民訴法391条）。

C事務官 仮執行宣言がなされると、当然、債務者に仮執行宣言付支払督促正本を送達しなければならないのでしょうが、債権者に対してはどうなのでしょうか？

B書記官 仮執行宣言付支払督促は債務名義となりますので、債権者にも送達する必要がありますが、債権者の同意があるときは、送付をもって送達に代えることができます（民訴法391条2項ただし書）。この同意は、仮執行宣言申立てのときにする必要があります（民訴規則235条2項）。仮執行宣言は、仮執行宣言付支払督促正本が債務者に送達になったときに効力を生じます（民訴法391条5項、388条2項）。この場合の送達については、支払督促

第3章 支払督促手続　39

の送達と異なり、公示送達によることもできます。

――督促手続の終了事由

A裁判官 ここで、異議申立てに入る前に、督促手続の終了事由を挙げてもらいましょう。

B書記官 督促手続の終了事由は次のようなものです。
① 支払督促申立て却下処分の確定（民訴法385条）
② 仮執行宣言付支払督促の確定（民訴法396条）
③ 支払督促申立ての取下げ（民訴法384条、261条1項）
④ 支払督促申立ての取下擬制（民訴法388条3項）
⑤ 支払督促の失効（民訴法392条）
⑥ 督促異議による訴訟手続への移行（民訴法395条）

A裁判官 それぞれの終了事由の内容については、各条文等にあたってもらうことにしましょう。

――督促異議の申立て

A裁判官 ここで、異議申立てに入りましょう。督促異議の申立ては、債務者に与えられた支払督促に対する唯一の不服申立方法ということになります。督促異議の目的は、債務者に、仮執行宣言の前後を問わず、督促手続を排除して、通常手続による審理及び裁判を求めることを保障するところにありますが、仮執行の宣言が付される前後によって、仮執行宣言前の督促異議（民訴法390条）と仮執行宣言後の督促異議（民訴法393条）とに区別されます。異議申立期間は、いずれも2週間ということになりますが、異議申立書には特別な記載要件が定められていますか？

B書記官 法文上の特別の定めはありません。支払督促に異議がある旨と事件番号、当事者名、年月日、裁判所名、送達を受けるべき場所を記載して、債務者又は代理人が記名押印すればよいことになります。しかし、実務上、支払督促正本や仮執行宣言付支払督促正本を債務者に送達する際に、それぞれ異議申立用紙を同封していますので、その用紙が使用される例が多いのが実情です。

C事務官 異議申立てがなされると、自動的に訴訟手続に移行することになるのですね？

B書記官 そうです。適法な異議申立てがあると、支払督促の申立ての時に、支払督促を発した書記官の所属する簡易裁判所、請求する金額が140万円を超えるものについてはその所在地を管轄する地方裁判所に訴えの提起があったものとみなされます（民訴法395条）。ここで注意を要するのは、簡易裁判所、地方裁判所のどちらに係属するのかについては、請求金額が140万円を超えるかどうかということですが、その請求金額には、利息、遅延損害金、申立手続費用は入らないということです。それから、督促手続費用は、訴訟費用の一部になるということです。

C事務官 話が戻ってしまいますが、仮執行宣言付支払督促は、確定を待たずに執行力を生じることになるということでしたね？　そうすると、債務者は異議申立期間内でも強制執行されてしまうことにもなりますが、こういう場合、債務者はどうすればよいのでしょうか？

B書記官 債務者は、仮執行宣言付支払督促正本が送達されてから2週間以内に異議申立てができますが、異議申立てをしただけでは強制執行を止めることはできませんので、強制執行を止めるためには、異議申立てと別に執行停止の裁判を求める必要があります。

C事務官 そうすると、仮執行宣言付支払督促異議というのはあまり意味のないものとなるのでしょうか？

B書記官 そうとも言い切れないと思います。実務的には、仮執行宣言付支払督促異議というものは多くありますし、異議の内容も、債権者の請求を認めて分割支払を希望するというのがほとんどです。請求されている内容そのものに争いがある場合には、ほとんどが支払督促の段階で異議が出ているというのが実情ということと、債権者が仮執行宣言付支払督促の確定前に強制執行の申立てをしてくるという例もあまりないということもありますので。

C事務官 そうですか。実務の実情がわかってスッキリしました。債務者に対して、仮執行宣言付支払督促正本が送達されて、2週間以内に異議の申立てがなければ、支払督促は確定して、判決と同一の効力を有することになる（民訴法396条）ということですね。

A裁判官 そのとおりですね。ところで、異議申立てがなされると、債権者から民訴費用法3条2項所定の不足分の印紙を追納してもらうことになりますが、任意に印紙を追納しなかった場合は、補正命令が出されます。その補正命令にも応じない場合には、訴えが却下されることになりますが、仮執行宣言付支払督促異議の場合は、仮執行宣言も取り消されることになります。

C事務官 訴えを却下するということは、支払督促そのものが失効してしまうという理解でよろしいのでしょうか？

A裁判官 はい。それで正解です。

──督促異議申立ての取下げ

A裁判官 それでは、債務者は、督促異議申立てを取下げることができるでしょうか？

B書記官 督促異議申立ての取下げについては、仮執行宣言の前後を問わず、第一審の終局判決があるまでは許されるとされています。仮執行宣言前の督促異議申立ての取下げについては、訴訟手続に移行した以上、訴訟手続の終了原因ではない督促異議申立ての取下げによって訴訟を終了させることはできないとする考えもあるようですが、実務上は、債権者に利益であることから、許されるという考えがとられています。

C事務官 督促異議申立ての取下げに債権者（原告）の同意は必要ないのでしょうか？

B書記官 仮執行宣言の前後を問わず、同意は不要になります。同意を要しないために、債務者（被告）から取下書が裁判所に提出されたとき、あるいは口頭弁論期日等で申述がなされたときに取下げの効力を生じることになります。

C事務官 取下げの効力を生じるということは、訴訟手続終了の効果を生じるということでよろしいのですね？ ところで、異議申立ての取下げが仮執行宣言の前か後かによって、その後の手続は違ってくるのでしょうか？

B書記官 異議申立ての取下げによって、訴訟手続は終了します。仮執行宣言前の異議申立ての取下げの場合は、支払督促失効の効果が生じなかったことになり、督促手続が復活します。債権者は、異議申立ての取下げを知った

時から2週間経過すれば、仮執行宣言の申立てをして、仮執行宣言の発付を受けることができます。仮執行宣言後の異議申立ての取下げの場合は、仮執行宣言付支払督促の確定阻止の効果が生じなかったことになります。仮執行宣言付支払督促正本が送達されてから2週間経過後の取下げであれば、仮執行宣言付支払督促は、その期間経過の日に遡って確定することになります。

C事務官　わかりました。もう一点教えてください。異議申立てにより通常訴訟に移行しますが、口頭弁論期日に当事者双方の不出頭により休止となり、訴え取下げの擬制がなされた場合、支払督促はどうなるのでしょうか？

B書記官　民訴法263条によって擬制されるのは、仮執行宣言の前後を問わず、訴えそのものの取下げになりますので、支払督促はその効力を失うことになります。もちろん、仮執行宣言後のものであれば、仮執行宣言付支払督促もその効力を失うことになります。

C事務官　そういうことですか。わかりました。

──督オンシステムについて

A裁判官　それでは、最後に「督オンシステム」について触れておきましょう。「督オンシステム」というのは、督促手続オンラインシステムのことを略して言う言葉ですね。Bさん、「督オンシステム」を取り扱う裁判所はどこになりますか？

B書記官　このシステムを取り扱う簡易裁判所は東京簡易裁判所が指定されています（民事訴訟法第132条の10第1項に規定する電子情報処理組織を用いて取り扱う督促手続に関する規則1条1項）ので、東京簡易裁判所ということになります。歴史的には、平成18年9月1日から東京地方裁判所管内の各簡易裁判所の管轄に属する事件を対象として運用が開始されました。平成19年2月1日から大阪地方裁判所管内の各簡易裁判所の管轄に属する事件に、同年11月1日から東京高等裁判所管内の各簡易裁判所の管轄に属する事件に対象が拡張され、次第に運用の範囲が広がり、現在では、全国の各簡易裁判所の管轄に属する事件が対象として運用されるようになりました。

A裁判官　それでは、簡単に「督オンシステム」についての説明をしていただきましょう。

B書記官 「督オンシステム」は、書面により申立てられている督促事件のうち、定型的処理が可能な事件について、債権者がインターネットを利用して、その申立てや照会などの手続を行うことができるシステムということです。具体的に例をあげれば、札幌簡易裁判所の書記官に対して申立てるべき支払督促の申立てについて、「督オンシステム」による場合には、東京簡易裁判所の書記官に対して申立てることができるということになります。そして、この場合、債権者は、申立手数料及び郵便料金はインターネットバンキング等を用いて納めることができることになります。

C事務官 申立書には債権者の押印が必要だと思うのですが、その点についてはどうなるのでしょうか？

B書記官 債権者が督オンシステムを利用して申立てを行う場合は、押印に代えて電子署名を行い、これを当該電子署名に係る電子証明書と併せて送信する（督オン規則第3条第2項）ことになります。「電子署名」というのは、電子署名及び認証業務に関する法律第2条第1項に規定する電子署名をいうことになります（電子署名及び認証業務に関する法律第2条第1項）。

——異議申立てがあったときの管轄裁判所

C事務官 それでは、支払督促に対し異議の申立てがあったときの管轄裁判所はどうなるのでしょうか？

B書記官 適法な督促異議の申立てがあったときの管轄裁判所については、民訴法398条に規定されていますが、民訴法383条の書面による通常の申立ての管轄裁判所ということになります。

C事務官 ということは、先ほどの例でいえば、札幌簡易裁判所が管轄裁判所ということになるわけですね。

B書記官 そういうことになります。東京簡易裁判所は、札幌簡易裁判所に一件記録を送付することになります。したがって、札幌簡易裁判所に訴訟が係属することになります。

C事務官 わかりました。これで、おぼろげだった督促手続についての全体的な知識が少し色濃くなったような気がします。

A裁判官 Cさんの知識が深まったところで、ここまでにしましょう。利用

者にとって、支払督促は利便性の高い手続といえます。書面審査のみの手続ですが、請求の趣旨、原因については、訴訟手続に直結しますので、裁判所職員や訴訟代理人等の訴訟関係者としては、よく要件事実を知っておく必要がありますね。しかし、利用者は、裁判所のホームページから手続の方法、申立類型による書式を知ることができますので、簡単に申立てができるということを申し添えておきましょう。

公示催告手続

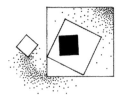

◆この章で学ぶこと
　この公示催告手続では、「一般の公示催告手続」、「有価証券の無効宣言を目的とする公示催告手続」の概要や公示催告の対象となる有価証券、申立てから終局までの流れや公示送達の効果等について学習します。例えば、小切手が盗難に遭いあるいは紛失した場合に、その小切手の無効宣言を得ておかないと善意の第三者の出現によって思わぬ損失を被ることがあります。自己所有の有価証券を紛失した場合にどのような手続をすればよいのか等の疑問を持ちながら読み進めていきましょう。

A裁判官　今回は、簡易裁判所が取り扱う民事事件の一つに挙げられる公示催告手続についての勉強ということになります。公示催告といえば、有価証券の無効宣言を目的とする手続のみと思っている人もおりますね。
B書記官　なんといっても手形・小切手の紛失というような有価証券の無効宣言を目的とする申立てが多いので、そのように思っている人がいても不思議ではないような気がします。

──公示催告手続の概要

A裁判官　公示催告手続は、有価証券の盗難、紛失などによりその所持（形式的資格）を失った権利者の申立てに応じ、権利と証券との結合を分離し、真の権利者に形式的資格を回復させる場合や、単独で抹消登記を行う場合等に用いられますね。公示催告手続には、「一般の公示催告手続」、「有価証券

の無効宣言を目的とする公示催告手続」、「失踪宣告を目的とする公示催告手続」の三つがあります。そのうちの「失踪宣告を目的とする公示催告手続」は、家庭裁判所の審判でなされるものですので、管轄は家庭裁判所ということになります。したがって、残りの二つが簡易裁判所の管轄になりますね。この公示催告手続を規定している法律は非訟事件手続法になります。Bさんにこの二つの手続について簡単に説明してもらいましょう。

B書記官 「一般の公示催告手続」というのは、登記・登録した権利が消滅しているのに、登記・登録の抹消に協力すべき義務のある者が行方不明の場合に、抹消登記・登録の権利者が、形骸化している登記・登録の抹消を申請するための手続をいいます（不動産登記法70条等）。「有価証券の無効宣言を目的とする公示催告手続」というのは、法令において公示催告手続をすることができる有価証券の無効を宣言するための手続です。

──公示催告手続の流れ

A裁判官 それでは、公示催告手続の流れを理解するために、簡単に図を示してもらいましょう。

B書記官 有価証券の無効宣言を目的とする手続の流れを簡単に示します。

申立て ⇒ 審査 ⇒ 公示催告手続開始決定・公示催告決定 ⇒ 裁判所の掲示、官報公告 ⇒ 権利を争う旨の申述の終期（2か月以上） ⇒ （権利を争う旨の申述なし） ⇒ 除権決定 ⇒ 官報公告

A裁判官 ありがとう。これが基本的な流れですね。権利を争う旨の申述等があれば、その手続が加わるということになります。それから、実務的には、一般の公示催告申立に比べて、有価証券の無効宣言を目的とする公示催告申立が多いということになりますので、こちらから勉強していきましょう。Bさん、公示催告手続の対象となる有価証券はどのようなものですか？

B書記官 公示催告手続の対象となる有価証券は次のようなものです。

① 民法施行法57条が定める指図証券、無記名証券、記名式所持人払式証券等の証券
② 会社法291条に規定する新株予約権証券
③ 民法施行法57条を準用する抵当証券法40条による抵当証券
④ 会社法291条を準用する日本銀行法施行令4条による出資証券

A裁判官 大きく分けるとそのようになりますね。それでは、具体的に、指図証券としてはどのようなものがありますか？

B書記官 指図証券というのは、証券上に指定された者又はその者が証券上に記載した者が権利者となる有価証券をいいますが、約束手形、為替手形、記名式・指図式小切手、貨物引換証、船荷証券、倉庫証券等があります。

A裁判官 ついでに、無記名証券も挙げてください。

B書記官 無記名証券というのは、証券上に権利者が特定されておらず、所持人が権利者と認められる有価証券をいいますが、無記名小切手、無記名社債、受益証券、特殊債・地方債等の債権があります。

A裁判官 そうですね。それでは、公示催告手続の対象とならない証券がありますが、どのようなものですか？

B書記官 公示催告手続の対象とならない証券は次のようなものです。

① 「株券」ですが、会社法221条以下に株券喪失登録制度が規定されていて、同法233条は「非訟事件手続法第4編の規定は、株券については、適用しない。」と定めて、公示催告手続を適用しない旨明文で規定しています。
② 「ゴルフクラブ会員権」ですが、有価証券ではなく証拠証券になりますので、公示催告手続の対象にならないとされています。
③ 「下足札、手荷物引換券、一時預り証等の免責証券」、これらも有価証券ではありませんので、対象になりません。
④ 「紙幣、郵便切手、収入印紙、宝くじ券等の価値証券」
⑤ 「商品券や入場券、旅行券等」 法的性質としては無記名証券になるようですが、同種の証券が多数存在して同一性の判断が不可能に近いこと、権利行使期間が短いことなどから、実務上公示催告手続の対象にならないという扱いがされています。

──公示催告の申立権者

A裁判官 それでは、公示催告の申立権者についてうかがいましょう。

C事務官 申立権者は、有価証券を喪失しなかったならば、その有価証券の権利を行使できた者です。つまり、無記名式の有価証券又は裏書きによって譲り渡すことのできる有価証券であって白地式裏書がなされたものについては、その最終所持人が、それ以外の有価証券については、その有価証券により権利を主張することができる者が申立権者となります（非訟法114条）。

A裁判官 そうですね。有価証券喪失当時に有価証券上権利を行使しうる形式的資格を有していた者が申立権者になりますね。それから、本来の申立権者の包括承継人や遺言執行者、破産管財人など本来の申立権者に代わって申立権を行使しうる者も申立権者になりますね。それでは、手形の場合、申立権者は裏書の連続している最終の被裏書人となりますが、振出人が交付前に自己の意思に基づかないで喪失し、それが流通におかれた場合、振出人に申立権があるでしょうか？

B書記官 手形の振出人は、その手形の債務者になりますが、手形上の権利を取得するというものではありませんから、有価証券により権利を主張することができる者の範疇には入らず、申立権がないように思いますが？

A裁判官 確かに、手形の振出人は、適法に振り出された手形の所持人がその手形を喪失して公示催告の申立をした場合とは条件が違ってきますね。しかし、最一小判昭和47年4月6日判例タイムズ276号157頁（判例時報662号27頁、金融・商事判例313号10頁）は、約束手形に振出人として署名したが、これを流通におく前に盗取され又は紛失した者にも申立権があることを前提とした判断をしていますし、このような振出人にも公示催告申立権を認める基礎づけは、最三小判昭和41年11月16日判例タイムズ271号184頁によっているようです。手形法の勉強にもなりますので、参考のために、判決要旨を読んでもらいましょう。

B書記官 「流通におく意思で約束手形に振出人として署名（記名押印）した者は、右手形が盗難・紛失等のため自己の意思によらずに流通におかれた場合でも、連続した裏書のある右手形の所持人に対しては、悪意又は重大な

過失による取得を主張立証しないかぎり、振出人としての責任を免れない。」

A裁判官 ありがとう。判決要旨からわかるように、約束手形に振出人として署名した者が他に交付する前に盗難・紛失によってその所持を失った場合には、自ら負担するに至る危険のある手形債務につき免責を得るために、除権決定を得ておく利益があるということになりますね。

——公示催告の管轄

A裁判官 それでは管轄の点に進みましょう。公示催告の職分管轄は簡易裁判所ということになりますが（非訟法100条）、土地管轄についてはどうですか？

B書記官 土地管轄については、その有価証券に表示した義務履行地を管轄する簡易裁判所の管轄に属し、義務履行地が表示されていないときは、その有価証券により義務を負担する者が普通裁判籍を有する地を管轄する簡易裁判所の管轄に属することになります。その義務負担者が死亡又は法人の解散等により普通裁判籍を有しないときは、義務負担者がその有価証券により義務を負担した時に普通裁判籍を有した地を管轄する簡易裁判所の管轄になります（非訟法115条1項）。それから、抵当証券のように登記された権利について発行されたものであるときは、その権利の目的物の所在地を管轄する簡易裁判所に属することになります（非訟法115条2項）。

——申立書の記載

A裁判官 それでは、公示催告申立書の記載について進みましょう。ここでは、当事者の表示などの形式的な記載事項については省略し、実質的な記載事項について触れていきましょう。実質的な記載事項としては、申立ての趣旨と申立ての理由ということになりますが、具体的にはどのような記載が要求されますか？

B書記官 申立ての趣旨としては、公示催告手続の対象となる有価証券を特定し、公示催告を求める旨を記載することになります。実務の取扱いとしては、「別紙目録記載の有価証券について公示催告を求める。」との記載が一般的のようです。申立ての理由としては、当該有価証券についての最終所持人

又はその承継人、破産管財人、遺言執行者等であって、申立権があること、有価証券が喪失によって所在不明になった状況を簡潔に記載することになります。

A裁判官 申立ての理由を、約束手形の場合を例として示してくれませんか？

B書記官 申立ての理由の記載例は次のようになります。

> 申立人は、別紙目録記載の有価証券の最終所持人であるが、平成29年3月1日頃、株式会社○○において盗難により喪失し、現在に至るも発見できないので、除権決定を求めるために公示催告の申立てをする。

——有価証券の喪失についての問題点

A裁判官 ありがとう。ここで問題ですが、有価証券を詐欺によって所持を失った場合に公示催告手続の利用は可能でしょうか？

B書記官 有価証券の盗難、紛失というのは、自己の意思に基づかないで証券の所持を失った場合をいいますので、詐欺の場合には公示催告手続の利用はできないのではないでしょうか。詐欺による場合は、詐欺をおこなった者を被告として証券の返還を求める訴えによって権利の救済を図ることになると思います。

A裁判官 正解ですね。証券の滅失というのは、火災等で証券が燃えてしまったような場合や誤ってシュレッダーにかけてしまったとかゴミと一緒に廃棄してしまった等の場合をいいますね。

C事務官 その証券を間違って小さく破ってしまった場合も滅失と考えてよいのでしょうか？

A裁判官 小さく破ってしまって、証券の同一性が認識できない程度までになってしまったときには滅失として取り扱われてもよいのでしょうが、つなぎ合わせて復元できるときには滅失に該当しないと考えてよいのでしょ

ね。このような場合には、復元した証券に基づいて権利を行使できますし、債務者が証券の真偽を争うときは、証書真否確認の訴えによって救済を図るということになります。

――申立書添付の疎明資料

A裁判官 それでは、話を進めますが、申立人は申立書と同時に疎明の資料を提出しなければなりませんが、どのような資料が考えられますか？

B書記官 疎明の資料となるのは次のようなものです。
① 有価証券の特定を疎明するもの
② 有価証券の喪失を疎明するもの
③ 申立権者であることを疎明するもの

A裁判官 それでは、手形・小切手の場合を例にした場合、どのようなものが考えられますか？

B書記官 手形・小切手の例としては、振出人発行の「振出証明書」、あるいは、裏書人から譲渡を受けた場合は裏書人の「裏書証明書」が必要になります。それから、盗難の場合には、警察官署等の「盗難届受理証明書」、転居や罹災によって紛失したときには「転居証明書」、「罹災証明書」などが考えられます。それから、喪失に至った「陳述書」も要求されます。

――申立手数料等

A裁判官 Cさん、公示催告の申立手数料はいくらになりますか？

C事務官 申立手数料は1000円になります（民訴費用法3条、別表第1の16）。それから、官報公告掲載料金を予納してもらわなければなりませんし、郵便切手が必要になります。予納金は有価証券の内容や枚数によって金額が異なってきます。

A裁判官 官報公告掲載料金や郵便切手の額については、申立裁判所に問い合わせるのが一番の近道ですね。

――公示催告手続開始決定とその後の手続の流れ

A裁判官 申立てがあれば、申立書の審査を行い、形式的要件及び実質的要

件を満たしている申立てについては、公示催告手続開始の決定をすることになります。公示催告手続開始の決定とともに公示催告決定がなされますが、公示催告決定にはどのようなことが記載されますか？
B書記官 公示催告決定には、①申立人の表示、②権利を争う旨の申述の終期の指定、③権利を争う旨の申述の終期までに権利を争う旨の申述をし、かつ、有価証券を提出すべき旨の有価証券の所持人に対する催告、④催告に応じて権利を争う旨の申述をしないことにより有価証券を無効とする旨を宣言する旨の表示を記載しなければなりません（非訟法117条1項）。
C事務官 条文の記載はちょっと抽象的ですので、具体的にはどのような記載になるのか説明していただきたいのですが。
B書記官 記載例は次のようになりますが、この記載の他に事件番号、申立人の表示、権利を争う旨の申述の終期も記載することになります（参考・裁判所職員総合研修所『民事実務講義案Ⅲ〔五訂版〕』〔司法協会、2015年〕237頁）。

　次の申立人から別紙目録記載の有価証券について公示催告の申立てがあったので、同有価証券の所持人は、下記の権利を争う旨の申述の終期までに当裁判所に権利を争う旨の申述をするとともに、その有価証券を提出してください。もし、この終期までに権利を争う旨の申述及び有価証券の提出がない場合には、その有価証券の無効を宣言することがあります。

C事務官 「権利を争う旨の申述の終期」は、実務ではどのくらいの期間をみているのでしょうか？
B書記官 非訟法103条によれば、「公示催告を官報に掲載した日から権利の届出の終期までの期間は、他の法律に別段の定めがある場合を除き、2月を下ってはならない。」とありますので、実務では、公示催告の決定の日と権利を争う旨の申述の終期との間に3か月から3か月半程度の期間を置いて

いるようです（参考・前掲『民事実務講義案Ⅲ〔五訂版〕』236頁）。

C事務官 公示催告決定後、公示催告の公告をするということですよね。公告の方法は、裁判所の掲示板に掲示し、官報にも掲載しなければならないということですが（非訟法102条1項）、確か、官報への公告は、所定の用紙を使用して公告原稿を作成し、国立印刷局に掲載を依頼して行うと理解していましたが。

B書記官 そのとおりですね。国立印刷局が、官報公告申込書の様式を定めていますし、記入要領も定めています。その様式にしたがって掲載の依頼をすることになります。

——公示催告の効果

A裁判官 さて、公示催告がなされると、有価証券自体に対する効果と申立人に対する効果が問題になりますが、その点について説明してもらいましょう。

B書記官 有価証券自体に対する効果についてですが、公示催告の公告がされても、その証券自体には法律上何らの影響を与えないとされています。ですから、証券による権利行使は妨げられず、流通性も失われません。それから、申立人に対する効果の点についてですが、申立人は、除権決定後でなければ権利の行使はできません。ただし、商法518条により、公示催告の申立てが認容されたときは、金銭その他の物又は有価証券の給付を目的とする有価証券の喪失の場合に限り、債務者に対し、目的物の供託を求め、又は相当の担保を提供して証券に表示する義務の履行を求めることができるものとされています。

——権利を争う旨の申述があった場合の手続

A裁判官 そうですね。ところで、実務的にはめったにありませんが、権利を争う旨の申述があった場合はどのような手続になりますか？

B書記官 権利を争う旨の申述があった場合には、申立人及び権利を争う旨の申述をした者の双方が立ち会うことができる審問期日を指定するとともに、攻撃防御方法の提出時期の終期を定めるために審理終結日を定めなけれ

ばなりません（非訟法117条2項、105条2項）。実務上は、申述がされた後、裁判所から申立人に対して、有価証券の同一性を認めるか否かの照会をした上で、申立人がこれを争うことが判明した段階で、審問期日及び審理終結日を指定することになると思われます（参考・前掲『民事実務講義案Ⅲ〔五訂版〕』240頁）。

C事務官　申立人に対して有価証券の同一性を照会するということですので、申述人から提出された有価証券の写しも送付するという理解でよろしいのでしょうね。それから、申立人に対して有価証券の同一性を照会して、申立人が同一性を認めた場合はどうなるのですか？

B書記官　申立人が同一性を認めた場合は、申立てを取下げるというケースが多いのではないでしょうか。同一性の照会をする際に、申立てを維持するか取下げるかなどの事項を記載した書面を送付している裁判所もあるようです。同一性を認めていながら、取下げないということは考えにくいのですが、申立人が取下げをしない場合には、公示催告手続終了の決定をすることになりますね（非訟法117条2項、104条1項）。

C事務官　それでは、同一性が認められない場合はどうなりますか？

B書記官　同一性が認められないときには、このような有価証券の提出による申述は、適法な権利を争う旨の申述とはいえませんので、除権決定をすることになります（非訟法117条2項、106条3項ただし書）。

C事務官　同一性の判断ができないという場合もあると思うのですが、そのような場合はどうなるのでしょうか？

──中止決定と留保決定

B書記官　同一性の判断が困難なときには、公示催告手続の中止決定、又は除権決定とともに留保決定をすることになると思います。中止決定と留保決定の主文については次のようになります。

（中止決定主文）

申立人と申述人との間で、申立人の本件公示催告の申立てにかかる権利

についての訴訟が確定するまで本件公示催告手続を中止する。

（留保決定主文）
1　別紙目録記載の有価証券の無効を宣言する。
2　前項の無効の宣言は、申述人に対して効力を有しない。ただし、申立人と申述人との間の申立人の権利についての訴訟において、申立人が勝訴し、その判決が確定したときは、この限りでない。
3　申立人と申述人との間の申立人の権利についての訴訟において、申立人が敗訴し、その判決が確定したときは、第1項の無効の宣言は、効力を失う。

C事務官　ありがとうございます。具体的に示していただくと理解し易いですね。申述の終期までに適法な権利を争う旨の申述がない場合には、当該有価証券の無効を宣言する除権決定をするということになるわけですね（非訟法117条2項、106条1項）。

A裁判官　Cさんもかなり詳しくなりましたね。ところで、除権決定は、決定告知と同時に確定し、すべての利害関係人との間で決定に従った形成力が生じることになりますが、除権決定によりどのような効力を生じるのかについては、これまで何度か触れてきましたが、復習のためにBさんにまとめてもらいましょう。

B書記官　除権決定には、消極的効力と積極的効力とがあります。消極的効力としては、有価証券の無効宣言により、証券と権利が分離され、証券の所持人であっても権利者としての推定を受けなくなります。その結果、①証券を呈示しても権利を行使できない。②債務者が証券の所持人に善意・無過失で支払っても免責を受けられない。③第三者が証券を譲り受けても善意取得できない。という効果が生じます。積極的効力としては、有価証券の無効が宣言されたことによって、証券と証券に化体していた権利とが分離すること

になりますので、権利者はその証券を所持していなくとも、債務者に対し、証券に化体した権利を行使することができることになります（非訟法118条2項）。

A裁判官 そうですね。補足しますと、除権決定は、申立人が実質上の権利者であることを確定するものではありませんね。つまり、除権決定の効果は、当該有価証券を無効とし、申立人に当該有価証券を所持するのと同一の地位を回復させるにとどまるものということになります。

──除権決定の取消しの申立て

A裁判官 それでは、除権決定の取消しの申立てについて、簡単に説明してください。

B書記官 除権決定の取消しの申立ては、除権決定の効力により権利、利益を害される利害関係人が申立人となり、除権決定をした裁判所に対して行うことができます（非訟法109条）。申立ては、申立人が除権決定のあったことを知った日から30日の不変期間内にしなければなりませんし、除権決定が告知された日から5年を経過したときは、申立てをすることができなくなります（非訟法110条）。

A裁判官 そして、除権決定の取消しの申立てがあったときは、申立人及び相手方の双方が立ち会うことができる審問期日を指定するとともに、審理終結日を定めなければなりませんね（非訟法111条1項）。審理の結果、申立てに理由があると認められるときは、除権決定を取り消す決定をすることになります（非訟法111条2項）。除権決定を取り消す決定が確定したときは、官報に公告することになります（非訟法111条3項）。それでは、有価証券の無効宣言を目的とする公示催告手続についてはここまでにしましょう。

── 一般の公示催告手続

A裁判官 一般の公示催告手続に入りますが、Cさんが記憶しているものとしては、これまでどのような申立てがありましたか？

C事務官 あまり申立件数はありませんが、記憶しているものとして「抵当権設定登記抹消登記手続」、「根抵当権仮登記抹消登記手続」、「賃借権設定登

記抹消登記手続」などがありました。

B書記官 このような事案は、所有者が亡くなって相続登記をする際に気がついたとか、土地を売却しようと思ったら、登記簿にそのような登記がなされていることがわかったなどという理由に基づくパターンですよね。

A裁判官 確かにその通りですね。登記簿に古い抵当権設定登記等がなされていて、登記権利者の所在が不明ということで公示催告手続申立をしてくるというような事例が一般的ですね。「賃借権設定登記抹消登記手続」の申立てがあったということですが、この事例などは、賃借権の存続期間が満了し、賃借人も賃貸家屋から退去しているのに、抹消登記手続を失念している間に賃借人が行方不明になり抹消登記手続に協力してもらうことができないというものですね。このような事案は、不動産登記法70条（登記義務者の所在が知れない場合の登記の抹消）による手続ということになりますね。せっかくですから、不動産登記法70条1項を読んでもらいましょう。

C事務官 「登記権利者は、登記義務者の所在が知れないため登記義務者と共同して権利に関する登記の抹消を申請することができないときは、非訟事件手続法第99条に規定する公示催告の申立てをすることができる。」

A裁判官 ありがとう。一般の公示催告手続として、不動産登記法70条1項以外にも公示催告の方法によることができる旨を規定している法令が多くあります。それは、登記・登録した権利が消滅しているにもかかわらず、登記・登録の抹消に協力すべき義務のある者が行方不明の場合に、抹消登記・登録の権利者が、形骸化している登記・登録の抹消を申請するための手段として法令が認めているということになります。それから、同一の目的を達するためには、行方不明者を被告とする抹消登記・登録請求の訴えを提起して、本案判決を得る方法がありますので、実務的には、本案判決を求める方法による場合が多いようです（参考・前掲『民事実務講義案Ⅲ〔五訂版〕』244頁）。

——公示催告の要件

A裁判官 ところで、公示催告手続を利用するためには、一定の要件が必要になりますが、その要件は疎明で足りるのでしょうか？

B書記官 公示催告の要件については、疎明では足りず証明を要するとされています。

A裁判官 それでは、不動産登記抹消の場合の公示催告の要件を挙げてください。

B書記官 要件は次のようなものです（前掲『民事実務講義案Ⅲ〔五訂版〕』245頁以下）。

① 抹消の対象となる登記について申立人が登記権利者であること
② 抹消の対象となる権利（登記されている権利）が実体上不存在又は消滅していること
③ 登記義務者が行方不明であること
④ 申請すべき登記が抹消登記であること

A裁判官 そうですね。補足しますと、申立人となる者は、一般に現在の登記名義人ですね。後順位の抵当権者、地上権者、賃借権者は、先順位の抵当権の消滅による抹消登記請求権を有しますので、先順位抵当権者の所在不明の場合に申立人になることができます。また、登記義務者となるのは、抹消すべき登記の権利者で、権利の移転があった場合は最後の名義人ということになります。それから、除権決定が権利喪失の宣言ということですので、表示登記、保存登記、所有権移転登記、権利の変更・更正登記の各抹消は、権利の失権を前提とするものではありませんので、公示催告手続の対象にはなりません。また、嘱託登記の抹消は、双方申請によるものではありませんので、その抹消のための公示催告もできませんね。

——管轄裁判所

A裁判官 それでは、管轄の点について説明してください。

B書記官 土地管轄として、公示催告に係る権利を有する者の普通裁判籍の所在地又は当該公示催告に係る権利の目的物の所在地を管轄する簡易裁判所が管轄するのが原則ということになりますが、公示催告に係る権利が登記又は登録に係るものであるときは、登記又は登録をすべき地を管轄する簡易裁判所も管轄することになります（非訟法100条）。

A裁判官 申立ての方式や申立書の記載事項等については、有価証券の無効

宣言を目的とする公示催告手続の場合とほぼ同様になりますね。申立ての理由は、登記義務者の行方不明の事実及び権利消滅等の事実により、公示催告手続をしなければならない必要性を記載することになります。申立ての理由は、事案ごとに記載が違ってきますが、理解しやすくするために具体的に例をあげてみてください。

B書記官 賃借権設定登記の抹消登記手続を例にしてみます（参考・横田康祐ほか『新・書式全書・簡裁民事手続Ⅱ〔3訂版〕』〔酒井書店、2006年〕436頁）。

（申立ての理由）
1 申立人は別紙目録記載の土地を所有している。
2 別紙目録記載の賃借権は存続期間の満了により消滅しているので、申立人は同賃借権の抹消登記手続を申請したいが、登記義務者である〇〇は行方不明のため登記手続に協力を求めることができない。
3 よって、公示催告手続のうえ除権決定を得たく、不動産登記法70条、非訟事件手続法99条の規定に基づき本申立てをする。

A裁判官 ありがとう。具体的な記載方法を示してもらうとわかりやすいですね。それでは、Cさん、申立書に添付しなければならない付属書類はどのようなものがありますか？

C事務官 対象となる権利や登記義務者を明確にするために、登記（登録）事項証明書は必ず添付してもらいます。それから、権利が実体上不存在又は消滅していることを証明する資料、行方不明の事実について証明するために市区町村長が発行する不在籍証明書や現地において実際に所在しないことを確認した現地調査報告書などが必要です。

A裁判官 それから、法人が申立人のときには、代表権限を証するために法人の登記簿謄本等の提出を求めていますね。そして、形式的要件及び実質的要件を審査し、その要件を満たしている申立てについては、公示催告手続開始決定をするとともに、公示催告決定をすることになります。公告の方法に

ついても有価証券の無効宣言を目的とする公示催告手続の場合と同様になります。ところで、一般の公示催告手続においては、「権利の届出」と「権利を争う旨の申述」を区別して規定していますね（非訟法105条3項等）。これらの意味はおわかりですよね。

B書記官 「権利の届出」というのは、自分が公示催告の対象となっている権利を有する者であると届けることで、申立人の申立資格を否定せずに自己の権利の届出をするという点で「権利を争う旨の申述」とは違うとされています。「権利を争う旨の申述」は、公示催告の申立人が申立ての理由として主張する権利（申立ての資格）を争う旨の申述です。

A裁判官 そのように説明されていますね。しかし、「権利の届出」と「権利を争う旨の申述」を区別することは、観念的にできても、実務に現れる事案においては非常に困難な面を有しますし、一般には、「権利の届出」と称しても、大抵は「権利を争う旨の申述」に当たると考えられていますので、「権利を争う旨の申述」の点を勉強しておけばよいと思います。「権利を争う旨の申述」がなされた場合にはどの点が審理の中心になりますか？

B書記官 申述人が権利者本人かあるいは権利者の承継人かどうかが審理の中心になると思います。

A裁判官 そうですね。権利者というのは、登記・登録義務者のことをいいますが、実体上の権利の不存在又は消滅の点については、申立人と申述人との間で訴訟によって解決すべき問題ということになりますからね。裁判所としては、申立人と申述人の双方が立ち会うことができる審問期日を指定し、審理期日を定めなければなりませんね（非訟法105条2項）。申述人は、どのような形で権利者本人あるいは権利者の承継人であることを証明することになりますか？

B書記官 印鑑証明書や住民票、戸籍謄本等で権利者本人や承継人であることを証明することになります。申述人は、権利を有することまで証明する必要はないとされています。

A裁判官 そういうことですね。申述人が権利者本人又はその承継人であることを申立人が認めた場合や審理の結果その事実が認められる場合には、権利者が行方不明という要件が欠けることになるため、公示催告手続終了の決

定をすることになりますが、決定を出す前に公示催告申立の取下げを促しています ね。除権決定がなされれば、その公告等については、有価証券の無効宣言を目的とする公示催告手続とほぼ同様ですし、除権決定を得た申立人は、単独で登記・登録の抹消申請ができることになりますね（不動産登記法70条2項等）。最後になりますが、簡単に公示催告手続中止決定、留保決定、制限決定について説明してください。

B書記官 非訟法106条3項に規定されていますが、権利の届出までに適法な権利を争う旨の申述があった場合、中止決定又は留保決定をすることになります。制限決定については、法106条2項に規定されていますが、権利の届出までに適法な権利の届出があった場合は、申立てに係る権利のうち当該権利の届出があったものについては失権の効力を生じない旨の制限決定をして、除権決定をすることになります。しかし、権利の届出というのは現実には考えられないということですので、制限決定が実務上なされることはないということになります。

A裁判官 ありがとう。除権決定に対する不服申立についても、有価証券の無効宣言を目的とする公示催告手続とほぼ同様ですね。不服申立の結果、除権決定が取り消された場合、すでに除権決定により抹消登記手続がなされていた場合は、抹消回復登記の手続が必要になりますね。

B書記官 実務的には、権利を争う旨の申述がなされるということがあまりなく、申立てから除権決定の公告まですんなり流れていきますので、理論的に深く考えたこともありませんでしたので、この勉強会で、公示催告手続には奥深いものがあると実感しました。

第5章 送達手続

◆この章で学ぶこと

　この送達手続では、民事訴訟手続における送達の効果や効力、送達の種類や方法、送達事務取扱者や送達実施機関、民訴法上の公示送達等について学習します。裁判手続にとって送達は重要なものであることを念頭に置きながら、相手方に訴状等の訴訟上の書類が送達された場合の法律的効力、送達が不奏功となった場合の事後手続はどうするのか等に疑問を持ちながら読み進めていきましょう。

A裁判官　原告が訴状を裁判所に提出することによって、原告が裁判所との間の訴訟法律関係が成立し、訴状副本が被告へ送達されると、裁判所と両当事者間に訴訟法律関係が成立します。この状態を訴訟係属と呼びます。したがって、訴訟係属は、訴状が被告に送達されることによって生じるといえます。訴訟係属のためには訴状副本の送達が大前提であるように、訴訟関係書類の送達事務は、訴訟を進行するうえでの司法機関の重要な訴訟行為でありますし、書記官事務の面からみても質、量ともに大きな比重を占めています。また、当事者サイドからみても、相手方に送達がなされなければ訴訟は進行しませんので、送達が重要であることに変わりはありません。ところで、送達に関する事務は書記官が取り扱うことになっておりますので、この勉強会では、Bさんに教えてもらう事項が多いと思います。よろしくお願いします。

──送達の意義

A裁判官 それでは早速ですが、送達の意義から述べていただきましょう。

B書記官 送達というのは、当事者その他の訴訟関係人に対し、法定の方式に従い、訴訟上の書類を交付してその内容を了知させ、又はこれを交付する機会を与える司法機関の訴訟行為であるといわれています。また、送達の事務には、送達される書類の同一性及び送達実施の証書（送達報告書）を作成し、これを公証することを含んでいます。

A裁判官 送達の意義については今の説明でよくわかりましたので、次に、送達の具体的な目的、送達の効果という観点をもう少し詳しく分析していきましょう。

B書記官 送達の具体的な目的は、送達を必要とする事項によって異なってきます。もちろん、一個の送達が常に一個の目的のみに限られるものではありませんが、主な分類方法によりますと、①訴訟上の重要事項の通知を確認する目的、②裁判所の要求を通知する目的、③裁判の効力又は当事者の訴訟行為を完成させる目的、④訴訟上の不変期間進行の開始を明確にする目的に分けられます。

C事務官 代表的な書類で結構ですので、それぞれの目的に合わせて例示していただけませんか？

B書記官 代表的な書類として考えられるのは次のようなものです。

① 訴訟上の重要事項の通知を確認する目的のものとしては、同意を要する場合の取下書（民訴法261条4項）、補助参加申出書（民訴規則20条1項）、参加申出書（民訴法47条3項、52条2項）、上告提起通知書（民訴規則189条1項）等

② 裁判所の要求を通知する目的のものとしては、期日呼出状（民訴法94条1項）

③ 裁判の効力又は当事者の訴訟行為を完成させる目的とされる代表的なものは、訴状（民訴法138条1項）、反訴状（民訴法146条3項、138条1項）、訴えの変更申立書（民訴法143条3項）控訴状（民訴法289条1項）等

④ 訴訟上の不変期間進行の開始を明確にする目的のものとしては、判決書（民訴法 255 条 1 項）、仮執行宣言付支払督促（民訴法 391 条 2 項）等

C 事務官 相手方に対する書類は副本等を送達していますよね。

B 書記官 そうですね。送達による書類は、特別の定めがある場合を除いて「当該書類の謄本又は副本」で送達手続を行うのが原則（民訴規則 40 条 1 項）ですが、副本を送達すべき場合には規則でその旨明示しています（民訴規則 20 条 1 項、58 条 1 項等）。大雑把な捉え方ですが、当事者が作成して提出する書類についての送達は、副本によるものと考えておけばよいと思います。

C 事務官 書類によって送達の目的があることなどを意識せずに、単に「送達」と言っていましたが、今の説明でなんとなく送達にもいろいろな意味があることがわかりました。

──送達の効果と効力

A 裁判官 それでは、送達の効果を説明してもらいましょうか。

B 書記官 送達が適式になされると、その目的に従って、一定の訴訟上の効果が生ずることになります。例えば、訴状副本が送達されると、被告との関係で訴訟が係属することになりますし、期日呼出状が送達されれば、不出頭の場合に、一定の不利益が課せられます。また、判決正本が送達されると、その送達により上訴期間が進行することになります。

C 事務官 そして、送達が適式になされると、受送達者が現実に内容を了知したかどうかを問わず送達の効力が発生し、また、その書類を裁判所に返還しても、送達の効力に影響はないということですよね。

A 裁判官 そうですね。中には開封せずに送達書類を送り返してくる人もいますが、開封していなくとも送達の効果は発生します。しかし、送達報告書が裁判所に戻ってきたとしても、送達の効力が問題になることがありますね。

B 書記官 直接受送達者本人に送達がなされれば問題はないのでしょうが、そうでない場合の交付の場所の問題と補充送達受領資格についての問題が生ずると思います。前者としては、送達報告書の記載から受送達者の家族が受

領していることが明らかであっても、送達された日のかなり前から家出中だったとか、長期間の行先を転々とする海外旅行中であって家族との音信も途絶えているような状態の場合等です。それから、後者として、例えば、アパートなどの同一の建物に住んでいても世帯を異にする居住者同士や同宿の下宿人が受領した場合等には送達の効力が疑問になります。

A裁判官 なお交付の場所についてですが、受送達者の不在にしている場所が住所、居所、営業所又は事務所といえるかどうかということも問題になりますね。長期不在の関係についてですが、一般的には、単に不在期間が長期であるかどうかというだけではなく、受送達者の意思や家族等との相互連絡の可能性等も勘案されなければならないということになります。補充送達が問題になった事例として、東京地決平成11年12月2日判例タイムズ1029号295頁は、アパートの隣り合わせに住む実兄が受送達者の部屋に自由に出入りしている状態において、実兄が訴状等を受領したとしても実兄は同居人とはいえず本人に対する送達があったとはいえないとして再審開始の申立を認めています。それから、東京高決平成21年3月3日判例タイムズ1298号305頁は、再審請求申立人は、従前からその妻子と別居していて、妻子の居住する送達先において常時居住していたとは認められないが、配達される申立人あての郵便物等の受領を同所に常時居住している妻らに依頼していて、申立人に対する連絡先として妻子の居住先を指定している状況において、妻子は、申立人と同一世帯の生計を一にする家族であるとまでは認められないとしても、申立人に対する送達場所である送達先の居住者であり、現に申立人あての郵便物等の受領を依頼されていたものであるから、書類受領権限を有する民訴法106条1項の同居者というべきであり、妻に対して本件訴訟関係書類を交付してされた補充送達は、その要件を満たした有効なものというべきであるとしています。

──送達事務取扱者と送達実施機関

A裁判官 ここで基本に戻りますが、送達機関という概念の中には、送達事務取扱者と送達実施機関がありますが、その点の説明をお願いします。
B書記官 送達事務を取り扱う者を送達事務取扱者といい、送達実施機関と

は送達事務取扱者の指示に基づいて送達を実施し、かつ、送達報告書を作成する機関です。

　送達事務取扱者には、①書記官（民訴法98条2項）、②公証人（公証人法57条の2第2項、民事執行規則20条2項）、③執行官（民事執行規則20条3項、5項）、④外国管轄官庁、外国に駐在する日本の大使等（民訴法108条、民訴規則45条）などがあります。

　送達実施機関には、①郵便業務従事者、②書記官、③執行官、④公証人があります。

C事務官　書記官、公証人、執行官は、送達事務取扱者でもあり、送達実施機関にもなれるということですね。

B書記官　そうですね。書記官は、書記官の所属する裁判所の事件について出頭した者に対し交付送達を行うことができます（民訴法100条）。それから、実務上「付郵便送達」といわれている書留郵便等に付する送達（民訴法107条、以下「付郵便送達」という。）、公示送達（民訴法110条）を行います。公証人は、執行証書正本等を公証人役場において債務者に交付送達を行うことができます（公証人法57条の2第1項、民事執行規則20条3項、5項）。執行官は、所属する地方裁判所の管轄区域内で交付送達を行うことができます（民訴法99条1項）。その他執行証書正本等の交付送達、付郵便送達（公証人法57条の2第1項、民事執行規則20条3項、5項）、公示送達（民事執行規則20条4項、5項）を行うことができます。それから、郵便業務従事者は、郵便法49条の特別送達（以下「特別送達」という。）の方法による交付送達を行います。

A裁判官　交付送達という言葉がでましたので、送達の方法について復習してみましょう。

──送達の方法

A裁判官　まず、Bさん、送達の方法をあげてください。

B書記官　①交付送達（民訴法101条、103条）、②出会送達（民訴法105条）、③補充送達（民訴法106条1項、2項）、④差置送達（民訴法106条3項）、⑤書記官送達（民訴法100条）、⑥執行官送達（民訴法99条）、⑦付郵便

送達（民訴法107条1項）、⑧公示送達（民訴法111条）等です。

A裁判官 送達の方法は挙げてもらいましたが、「○○送達」という用語は、すべてが同一の観点から使用されてはいないので、わかりにくいものがあるかもしれませんね。着目点によって次のように分けられます。

1　主に送達場所に着目すると「就業場所送達」、「出会送達」、「届出場所における送達」があります。
2　具体的な交付方法に着目すると、「交付送達」、「差置送達」、「補充送達」、「付郵便送達」、「公示送達」があります。
3　送達実施機関に着目すると「書記官送達」、「執行官送達」、「郵便送達」があります。
4　送達受領者に着目すると「補充送達」があります。

したがって、例えば、「不在票に基づいて郵便局窓口に出頭した受送達者の同居者に対する送達」は、出会送達であり、交付送達であり、郵便送達であり、補充送達であるということになります。このように一つの送達実施手続に複数の用語が使用されることになりますので、実務における現実の送達が、どの点に着目したものなのか意識してみるのも勉強になると思います。

──送達実務の流れ

A裁判官 それでは、ここからは送達実務の流れにしたがって勉強していきましょう。Cさんは訴状受付の段階で申立人に対して相手方に対する送達の見込みを聞くようにしていますよね？

C事務官 送達の場所の確認と送達の見込みは必ず聞くようにしています。それから念のために相手方の住所等で送達されない場合を考慮して就業場所がわかれば就業場所も聞くようにしています。

A裁判官 基本的な送達場所は、民訴法103条1項、2項に規定されていて、受送達者の住所、居所、営業所又は事務所、それから就業場所になります。その送達場所等の確認は受付事務の大切な事項ということになりますね。住所というのは、その者の生活の本拠（民法22条）ということですが、生活の本拠とは、ある人の一般生活関係においてその中心をなす場所ということになります。判例（大決昭和2年5月4日民集6巻219頁）によれば、住

所は、その場所を生活関係の中心にしようとする意思と、その意思を実現した事実とが存する場合に成立するとし、この意思は、幼児や事理弁識能力を欠く者にあってはその代理人の意思によって補充されるものとされていますが、意思を必要としないと解する反対説が有力です（参照・『我妻・有泉コンメンタール民法――総則・物権・債権〔第4版〕』〔日本評論社、2016年〕108頁）。民法23条1項は、住所が知れない場合には、居所を住所とみなすと規定していますが、居所というのは、人（自然人）が多少の期間継続して居住してはいるが、土地との密着度が生活の本拠（住所）といえる程度に達していない場所をいい、法人にはない場所的概念ですね（参照・別冊法学セミナー『基本法コンメンタール民法総則〔第6版〕』〔日本評論社、2012年〕77頁）。ところで、訴状副本等の送達の例をとってみますと、最初に被告の住所等に対する特別送達を行いますね。

――就業場所送達

A裁判官　その特別送達が不奏功となった場合に就業場所送達が考えられますが、Bさん、就業場所送達について説明してくれませんか。

B書記官　就業場所というのは、受送達者が雇用、委任その他の法律上の行為に基づき就業する他人の住所等をいいますが、無条件に就業場所送達が許されるわけではなく、受送達者のプライバシーが侵害されるおそれがあるため、第2次的な送達場所といわれます。就業場所を送達場所として選定できる要件があり、①住所等が知れないとき、②住所等において送達するのに支障があるとき、③受送達者が就業場所において送達を受ける旨の申述をしたときのいずれか一つを充足することです。

C事務官　就業場所がわかっていれば最初から就業場所に送達しても良いのにと漠然と考えていましたが、就業場所というのは第2次的な送達場所なのですね。それで最初に住所等に特別送達を試みて、送達がならなかったときに就業場所送達が考えられるということなのですね。

B書記官　そうですね。①の住所等が知れないときという点については、訴状提出の時点で被告の住所等が不明であって、就業場所だけが判明しているという場合ですので、Cさんが考えていたように、第2次的な送達場所とい

う観念はなくなりますが、実務上多く行われている就業場所送達というのは②の住所等において送達するのに支障があるときという要件に該当する場合ですので、この場合は第2次的な送達場所ということになります。就業場所において補充送達がされた場合には、①送達書類の名称、②書類受領者の氏名、③送達の日時、場所を受送達者に通知しなければなりません（民訴規則43条）。通知の方法は相当な方法による（民訴規則4条）ことになりますが、普通郵便による方法が多くとられているようです。

C事務官　通知をする場所は、何処になりますか？

B書記官　記録上、住所等が判明していればその住所等に通知することになりますが、住所等が不明であるとき又は長期不在のため本人に了知される可能性が低いときなどの場合は、当該就業場所に通知するのが相当と解されるようです（裁判所職員総合研修所『民事訴訟関係書類の送達実務の研究―新訂―』〔司法協会、2006年〕132頁）。

A裁判官　余談になりますが、就業場所送達を行ったことによって、裁判になっていることが会社に知られてしまい、会社を辞めさせられそうになったなどということがないわけではありません。現に法廷で苦情を言われたこともありますので、就業場所送達の難しさというのもありますね。

――付郵便送達

A裁判官　次に付郵便送達に入りましょう。付郵便送達は、公示送達とともに、送達実施方法における交付送達の原則（民訴法101条）に対する例外ということになります。付郵便送達とは、受送達者の住所、居所、営業所又は事務所及び就業場所で送達すべき場合に、その場所で交付送達及び補充送達や差置送達によって送達ができないときに、書記官が民訴法107条1項1号から3号までの区分に応じて実施する送達方法のことですが、ここでは、民訴法107条1項1号のいわゆる「1号付郵便送達」の具体的な流れを捉えてみましょう。

B書記官　訴状副本の送達を例にして説明しますと、最初に受送達者の住所等に特別送達を実施します。この段階で送達になれば書記官事務としても楽なのですが、不送達となって送達書類が戻されてくる場合も多くあります。

不送達の理由には様々なものがありますが、大別すると、「転居先不明」や「あて所に尋ねあたらず」という場合と「保管期間経過」という場合に分けられると思います。

C事務官　「転居先不明」、「あて所に尋ねあたらず」、「保管期間経過」のそれぞれの理由については同一には論じられないということですね。

B書記官　そうです。「転居先不明」や「あて所に尋ねあたらず」というのは、郵便局から名宛人がそこには居ませんという報告を受けたことになりますから、書記官としては、原告に対して、受送達者の住所・居所及び就業場所の調査を依頼し、その結果を踏まえて再送達方法を決めることになります。もっとも、訴状に就業場所の記載があれば、調査を依頼する前に就業場所送達を試みても構わないと思いますが、就業場所送達の趣旨を重視してより慎重に手続を進めるのであれば、原告の調査で、

1　住所等が判明すれば、そこに送達を試み、
2　調査の結果でも転居先が不明であり、その場合就業場所が判明していれば（調査で判明した場合も）就業場所を試みることになります。
3　転居先も不明で、就業場所も不明であれば公示送達の申立てを促すことになります。

ところで、付郵便送達に戻りますが、1号付郵便の要件は、民訴法103条の規定による送達をすべき場合に、民訴法106条の規定による交付送達、補充送達及び差置送達をすることができないことです。ややこしい条文になっていますが、簡単な典型例として「保管期間経過」を理由に不送達になった場合と覚えておけばよいと思います。

C事務官　そうすると「転居先不明」や「あて所に尋ねあたらず」という理由で不送達になったときは公示送達を、「保管期間経過」の場合には付郵便送達を念頭において手続を進めていくということになりますか？

B書記官　そういうことになります。ただ、不送達の理由とその後の原告の調査結果が異なる場合もありますので、その点は注意が必要になると思います。なお、「保管期間経過」で不送達になった場合には、実務の取扱いとして、先ほど述べた就業場所送達を試みる前（就業場所が判明しない場合も含めて）に、住所等に宛てて休日指定での再度の特別送達を試みる場合がありま

す。また、就業場所が判明しない場合には、再度の特別送達を試みることなく付郵便送達手続に移る場合があります。1回だけしか特別送達を試みないのかという疑問もあると思いますが、この場合でも実質的には受送達者には2度の受領機会が与えられています。1度目は郵便業務従事者が配達に赴き、不在の場合には、郵便局で保管しておく旨の書面（不在通知）を差し入れておいて2度目の受領機会を与えています。それでも不送達になるのですから、再度特別送達を試みても不送達の可能性は高く、再度の特別送達によって原告が負担する送達費用もかさんでくることになります。また、送達書類が多くなればその分料金が高くなってきます。ところで、付郵便送達を実施するには、相応な資料が必要とされますので、原告に被告の所在等の調査を依頼することになります。

　調査報告書の記載例を示しますと、就業場所の調査も兼ね備えた本章末尾のようなものになります。

　調査報告書には、この例のように、調査者、日時、場所、調査内容等が記載されたもので、調査内容も客観性のあるものでなければなりませんし、写真や住民票等の添付もお願いしています。このような調査報告書の提出を受け、その調査報告書を審査したうえで付郵便送達手続に入ることになります。

C事務官　付郵便送達をした場合も、受送達者に通知しなければならないということですね。

B書記官　付郵便により発送した場合には、発送の時に送達があったものとみなされますので、民訴規則44条では、書留郵便に付する送達をした旨及び当該書類については書留郵便に付して発送した時に送達があったものとみなされることを通知しなければならないとしています。

C事務官　ところで、就業場所に付郵便送達はできますか？

B書記官　原則として就業場所に付郵便送達はできません。就業場所は、そもそも二次的な送達場所ですし、また、プライバシー保護の観点から補充送達受領資格者に差置送達をすることはできないとされる場所でもありますので、就業場所を送達場所として届出がなされている場合（民訴法104条2項）に限ってのみ付郵便送達ができることになります。ですから、就業場所

に対する付郵便送達は送達場所の届出が前提となりますので、例えば訴状副本の送達をこの方法によることはないということになります。

A裁判官 現行の民事訴訟法は平成10年1月1日から施行されましたが、旧民事訴訟法の送達関係の規定も見直したという経緯があり、送達事務という観点からみると、旧法時代よりは簡便になった部分があり、訴訟の進行もスムーズになったといえると思います。それでも、今日の情報化社会において、裁判所からの送達書類については、受領しない方が身のためだというような風潮があって、なかなか送達が思うようにいかないものがあるのは確かですね。この点についてはある程度、付郵便送達でカバーできるようになったのではないかと考えています。

——公示送達の要件

A裁判官 ところで、「転居先不明」や「あて所に尋ねあたらず」という場合で、調査の結果でも住所等が判明しなかったときには、公示送達という流れになりますね。Bさん、公示送達の要件等を簡単に説明してください。

B書記官 公示送達とは、書記官が送達書類を保管し、受送達者が出頭すればいつでもこれを交付する旨を裁判所の掲示場に掲示して行う送達ですが、その要件は民訴法110条に規定されています。

1 　当事者の住所、居所その他送達すべき場所が知れない場合（1項1号）。「知れない」というのは、単に公示送達の申立人が知らないだけではなく、通常の調査方法を行っても判明しないという客観的なものでなければなりません。

2 　民訴法107条1項の規定により送達することができない場合（1項2号）。この場合というのは、住所等が不明でも、就業場所が判明している場合で、就業場所送達を試みたが、不在あるいは補充送達受領資格者の受領拒絶により、送達が不奏功になった場合と就業場所送達がいったん奏功したので、2回目以降の当該あて先に対する就業場所送達を行ったが不奏功になった場合のことをいいます。

3 　民訴法108条の規定によることができない場合（1項3号）。この3号の規定は前段と後段に分けることができますが、前段は、外国との間

に国際司法共助の取決めがなく、管轄官庁が嘱託に応じない場合や、当該外国に日本の大使等が駐在しない場合等をいいます。後段は、外国における送達は可能ですが、当該外国において、大地震等の天変地異や戦乱、革命等が起こり、嘱託しても送達不能が見込まれる場合や外国に送達の嘱託はしたが、所在不明による場合も含めて何らかの理由で送達ができなかった場合のことをいいます。

4　民訴法108条の規定により嘱託をしたが、6か月を経過してもその送達を証する書面の送付がない場合（1項4号）。このような場合は、送達を実施できる見込みがほとんどないとみなされるためです。

──公示送達の効力の発生時期

C事務官　公示送達の効力の発生時期は、最初の場合、裁判所の掲示場に掲示を始めた日から2週間の経過で、2回目からは掲示を始めた日の翌日に送達の効力が生じ（民訴法112条1項）、外国においてすべき公示送達については6週間の経過により効力が生じるということですね（民訴法112条2項）。

A裁判官　そうですね。期間の計算は、民法の原則に従うことになりますので、初日は算入しません（民訴法95条1項、民法140条本文）。公示送達の効力は、効力発生の日の午前零時に発生しますので、送達によって控訴期間などの不服申立期間等が定まる場合は、公示送達の効力発生の日がその法定期間の第1日として計算されること（民法140条ただし書）に注意する必要がありますね。わかりやすく例をとってみますと、12月15日に掲示した場合、2週間の末日は12月29日になりますが、民訴法95条3項の適用によって、「期間は、その翌日に満了する。」となりますので、翌年の1月4日（その日が土曜日、日曜日でない場合）の経過で満了となり、1月5日の午前零時に送達の効力が発生することになります。したがって控訴期間の計算の初日は1月5日ということになります。

──申立ての際の証明資料

A裁判官　ところで、公示送達の申立てがあったときは、申立人から提出される証明資料はどのようなものが考えられますか？

B書記官 申立人に提出してもらうものとしては次のようなものが考えられますし、職権調査として、警察署に所在調査を依頼する場合もあります。

① 住民票写し
② 戸籍の附票謄本
③ 市区町村の住民登録がない旨の証明書
④ 外国人登録原票記載事項証明書
⑤ 警察署長の捜索願届出済証明書
⑥ 弁護士法23条の2による照会書及びその回答書
⑦ 民生委員、近隣者や近親者の不在を証する陳述書
⑧ 申立人又はその補助者の調査報告書

A裁判官 公示送達は、受送達者に送達書類の交付を受ける機会を与えるだけで送達を完了させ、実際に受送達者が送達書類を受領したか否かを問わず、掲示後一定期間経過後に送達の効力を発生させるものですから、公示送達の要件については相当慎重に判断する必要がありますし、その認定は相当な資料に基づいてなさなければなりませんね。余談になりますが、過去に公示送達を悪用した貸金業者がいたという事実を忘れてはならないと思います。公示送達には民法上の意思表示の公示送達というものもありますので、こちらの関係については、次の第6章で勉強することにして、送達手続についてはここまでにしましょう。

調査報告書の記載例

事件の表示　平成　年第　　　号

　　　　　　　　　　調　査　報　告　書

○○裁判所　御中
平成　　年　　月　　日
　　　　　　　　　　報告者（原告）＿＿＿＿＿＿＿＿＿＿　印

1　住所・居所について
　・　調査日時　平成　　年　　月　　日（　）午　　　時
　・　調査者＿＿＿＿＿＿＿＿＿＿＿＿（原告との関係・　　　　）
　・　調査場所＿＿＿＿＿＿＿＿＿＿＿＿＿＿＿＿＿＿＿＿＿＿
　・　調査方法　上記記載の実地に赴き、次の調査を行った。
　・　調査内容
　　□　近隣者からの聴取内容
　　　ア　氏名（　　　　　　　　　　）
　　　　　住所・電話番号（　　　　　　　　　　　　　　　）
　　　　　聴取内容＿＿＿＿＿＿＿＿＿＿＿＿＿＿＿＿＿＿＿＿
　　　　　＿＿＿＿＿＿＿＿＿＿＿＿＿＿＿＿＿＿＿＿＿＿＿＿
　　　イ　氏名（　　　　　　　　　　　　）
　　　　　住所・電話番号（　　　　　　　　　　　　　　　）
　　　　　聴取内容＿＿＿＿＿＿＿＿＿＿＿＿＿＿＿＿＿＿＿＿
　　　　　＿＿＿＿＿＿＿＿＿＿＿＿＿＿＿＿＿＿＿＿＿＿＿＿
　　□　建物・部屋の外観（表札・洗濯物等）
　　　　表札の氏名　（　　　　　　　　　　　）
　　　　洗濯物の状況（　　　　　　　　　　　　　　　　　）
　　　　□　別紙添付の写真のとおり
　　□　ガス・電気等の使用状況（メーターの稼働状況）
　　　　＿＿＿＿＿＿＿＿＿＿＿＿＿＿＿＿＿＿＿＿＿＿＿＿＿
　　□　郵便物の受取状況（被告宛の郵便物がポストにあった等）
　　　　ポストの氏名の記載（　　　　　　　　　　　　）
　　　　郵便物の名宛・受取状況等（　　　　　　　　　　　　）
　　□　別紙添付の写真のとおり
2　就業場所について
　・　調査日時　平成　　年　　月　　日（　）午　　　時

- ・　調査者＿＿＿＿＿＿＿＿＿＿＿（原告との関係・　　　　）
- ・　調査場所＿＿＿＿＿＿＿＿＿＿＿＿＿＿＿＿＿＿＿＿
- ・　調査方法
  - ☐　上記記載の実地に赴き、次の調査を行った。
  - ☐　電話により、次の事項を聴取した。
    （電話の相手方・　　　　　　　　　）
  - ☐　通常の調査を行ったものの判明しなかった。
  - ☐　その他

第6章 意思表示の公示送達手続

◆この章で学ぶこと
　この意思表示の公示送達手続においては、意思表示の意義、意思表示の伝達過程、意思表示の到達の効果、公示送達申立書の記載や公示送達の流れ及び民訴法上の公示送達の効力発生の時期等について学習します。意思を伝えたい相手方の所在が不明になったような場合、どのようにすればよいのか？　どのような手続をすればよいのか？　という疑問を持ちながら読み進めていきましょう。

A裁判官　今日は意思表示の公示送達についての勉強ということになりますね。まず、復習の意味も込めて、意思表示についての基本的なことから入っていきましょう。Cさん、意思表示について説明してください。

──意思表示について

C事務官　意思表示というのは、一定の法律効果の発生を欲する意思を外部に対して表示する行為をいいます。意思表示が成立するためには、
　①　内心的効果意思という一定の効果の発生を意欲する意思
　②　表示意思という内心的効果意思を外部に表示しようとする意思
　③　表示行為という内心的効果意思を外部に発表する行為
の三つの要素が必要とされています。
B書記官　意思表示の内容や形成過程に欠陥がある場合に、内心的効果意思を重点に置いた意思主義と表示行為に重点を置いた表示主義の考え方がある

ようですね。

A裁判官 確かに意思主義と表示主義という考えがありますね。この点について、我妻榮ほか『我妻・有泉コンメンタール民法――総則・物権・債権〔第4版〕』（日本評論社、2016年）220頁は、「わが民法の態度はドイツ民法などに比べてはるかに意思表示に傾く。」と解説し、内田貴『民法Ⅰ総則・物権総論〔第4版〕』（東京大学出版会、2008年）47頁は、「意思表示をした本人の利益を考えると意思主義が望ましいが、取引の安全を考えると表示主義が望ましい。どちらか一方だけを採用することは、結果的に妥当ではないので、民法は両者の折衷的な立場をとっている。」と解説していますね。ところで、現在の法制度では、私的自治の原則として、個人の意思に基づいて権利義務が発生・消滅するという基本的な建前がとられていますので、意思表示があれば、原則として意思表示どおりの効果が生じるということになります。

――準法律行為

A裁判官 この法律行為に準ずるものとして、準法律行為と呼ばれるものがありますね。

B書記官 準法律行為というのは、「観念の通知」、「意思の通知」などでしょうか。「観念の通知」というのは、なんらかの事実に関する観念を他人に通知する行為といわれています。債権譲渡の通知は代表的なもので、これによって生ずる対抗力取得という法律効果は法律が直接付与する効果であって、通知者がこの効果を欲したから認められるというものではないとされています。「意思の通知」というのは、自己の意思を他人に通知する行為です。履行の請求つまり催告がその典型的なものといわれています。催告によって時効中断（民法147条1号、153条）、履行遅滞（民法412条3項）及び解除権の発生（民法541条）というような法律効果が発生しますが、その法律効果は法律によって定まるものであって、催告者がこのような効果を欲したことを必要としないので、催告者の意思によって定まるものではないとされています。

A裁判官 そうですね。このほかにも「感情の表示」と呼ばれるものがあり

ますが、現在はその例はみられないようです。昔は離婚原因に関連して「宥恕(ゆうじょ)」という概念を認めていて、これが「感情の表示」に当たるとされていました。

──「意思」と「意志」の違い

A裁判官 ここで、ちょっと脱線しますが、Bさんに、法律を学び始めたころを思い出してもらって、「意思」と「意志」の違いを説明してもらいましょう。

B書記官 「意思」と「意志」の違いは、法律学の講義の初めに教わりました。それまでは、「イシ」といえば「意志」と思い込んでいました。「意思」と「意志」の違いは、あることをしようとする考え、気持ち、思いという点では同じような意味で使われますが、「意思」が、心の中に思い浮かべている内容を指すのに対して、「意志」は、それが行動と結びつく積極性があるといわれています。「意志」は、日常用語としても一般に使用されていますが、学問的には主として、哲学、倫理学、心理学などの分野で使われるようです。法律学の分野においては、専ら「意思」が用いられ、民法上は、一定の法律効果の発生を欲する意図又はその思いという意味で使われ、刑法上は、自分がしようとする行為に対する認識をいうとされていますが、「犯意」とか「故意」と同じような意味で用いられているようです（参考・田島信威『最新 法令用語の基礎知識〔三訂版〕』〔ぎょうせい、2005年〕140頁）。

A裁判官 私も、法律学の試験の前に、「答案に「意志」と書いたら減点するぞ！」と言われたことを今でも覚えています。

──意思表示の伝達過程

A裁判官 ところで、相手方のある意思表示についてですが、Cさん、意思表示の伝達過程を説明してください。

C事務官 意思表示の伝達過程として、「表白」、「発信」、「到達」、「了知」の4段階に区分されています。

A裁判官 民法は、どの段階で相手方に対する意思表示の効力が生ずるとしていますか？

C事務官 民法97条1項は、「隔地者に対する意思表示は、その通知が相手方に到達した時からその効力を生ずる。」と規定していますので、到達主義をとっています。

A裁判官 それでは、「到達」というのは、具体的にどういう状態に置かれた場合をいいますか？

C事務官 「到達」とは、意思表示の相手方がその意思表示を受領することができる状態に置かれることです。

A裁判官 そうですね。意思表示が相手方の了知可能な状態に置かれれば「到達」ということで、「了知」までの必要はないということになりますね。最一小判昭和36年4月20日判例タイムズ118号76頁（判例時報258号20頁）は、「隔地者間の意思表示に準ずべき右催告は民法97条によりN自動車に到達することによってその効力を生ずべき筋合のものであり、ここに到達とは右会社の代表取締役であったMないしは同人から受領の権限を付与されていた者によって受領され或いは了知されることを要するの謂ではなく、それらの者にとって了知可能の状態に置かれたことを意味するものと解すべく、換言すれば意思表示の書面がそれらの者のいわゆる勢力範囲（支配圏）内に置かれることを以て足りるものと解すべきである。」としています。

──書留郵便に付する送達

A裁判官 ところで、裁判所が書留郵便に付して送達した場合の送達の効力はどうでしょうか？

C事務官 民訴法107条3項により、書留郵便の発送の時に、送達があったものとみなされます。

A裁判官 そういうことですから、留置期間満了で還付されてきても送達の効果が認められるということですね。

──隔地者と対話者の関係

A裁判官 ところで、戻るような形になりますが、Bさん、「隔地者」という概念を、「対話者」と絡めて説明してください。

B書記官 「隔地者」というのは、普通には遠隔の地にある者をいいます。

しかし、遠隔地にある者も、電話で話をするときは「隔地者」ではなく「対話者」になります。「対話者」というのは、応答がその場でなされる場合をいいます。それで、厳格にいえば、「隔地者」と「対話者」とは土地の遠近ではなく、意思表示の発信と相手方の了知との間に、時の隔たりがあるかないかの差異ということになります（参考・前掲『我妻・有泉コンメンタール民法――総則・物権・債権〔第4版〕』234頁）。

A裁判官 そうですね。ところで、隔地者間に対する意思表示は、民法97条1項で到達主義をとっているということでしたね。到達主義をとっている関係で、意思表示の相手方が不明の場合や、相手方がわかっていてもその所在が不明のような場合は、意思表示の効力を発生させることに障碍が生じることになります。なお、民法改正案は、契約の承諾について、到達主義を明確にしていますのでその点は覚えておきましょう。

――公示送達の要件

A裁判官 このような障碍から意思表示の表意者を救済するために設けられた制度が意思表示の公示送達の手続ということになります。民法98条1項を読んでみてください。

C事務官 「意思表示は、表意者が相手方を知ることができず、又はその所在を知ることができないときは、公示の方法によってすることができる。」

A裁判官 公示送達の要件は、
① 表意者が相手方を知ることができないとき
② 表意者が相手方の所在を知ることができないとき

ということになりますね。ところで、相手方を知ることができないときというのは、どのような場合が考えられますか？

C事務官 契約の相手方が死亡し、その相続人が不明の場合、また、白紙委任状を出した場合のように、不特定人に対して行った行為に関して意思表示をしようとする場合などです（前掲『我妻・有泉コンメンタール民法――総則・物権・債権〔第4版〕』236頁）。

A裁判官 もう一つの要件の表意者が相手方の所在を知ることができないときというのは、相手方が誰であるかについてはわかっていますが、災害など

で転居したまま、転居先が不明等の理由によって、その所在を知ることができない場合をいいますね。それでは、相手方の生死不明の場合は、相手方不明あるいは所在不明のどちらと考えられますか？

C事務官 相手方の生死不明というのは、所在がわからないという意味にもとれますよね。

A裁判官 公示による意思表示の規定は、昭和13年法律第18号によって追加されましたが、貴族院の本会議前の特別委員会で、政府委員は、相手方の生死不明の場合は所在不明として取り扱うことにするという趣旨の説明をなしたようですが、生死不明なら相続開始の有無等も不明なので、相手方不明のケースとみる方が妥当という考えもありますね（川島武宜・平井宜雄編『新版注釈民法(3)総則(3)』〔有斐閣、2003年〕549頁）。

――所在不明者に親権者や後見人がいた場合

A裁判官 それから、相手方が所在不明になっていますが、その親権者や後見人などが存在する場合についてはどうですか？

C事務官 そういう場合は、親権者や後見人に意思表示をすればよいということになりますので、公示の方法によることはできないと思います。

A裁判官 そういうことですね。

――観念の通知と公示送達

A裁判官 ここで問題ですが、準法律行為といわれる「観念の通知」に意思表示の公示送達は可能でしょうか？

B書記官 「観念の通知」であっても、相手方に到達することによって効力が生じることになりますので、可能と考えてもよいような気がしますが。

A裁判官 そのように考えてよいのでしょうね。債権譲渡の事例として、東京地判平成16年8月24日金融法務事情1734号69頁は、民法98条の規定が準用又は類推適用されるとしています。参考のために要旨部分を読んでみてください。

B書記官 「民法97条の2（現民法98条）は、意思表示を公示の方法によってすることができる旨を定めた規定であるが、その趣旨によれば、意思表示

ではない事実行為であっても、相手方に対する到達によって効力を生じさせる必要がある場合には、同条の規定を準用又は類推適用することが相当である。そして、債権譲渡通知は、いわゆる観念の通知と理解されているが、相手方に対する到達によってその効力を生じさせる必要があり、公示による意思表示に関する民法97条の2（現民法98条）が準用又は類推適用されると解するのが相当であり、そのように解しても債権者にも債務者にも特別に不利益を生じさせることはない。」

A裁判官　「観念の通知」に民法98条の規定が準用又は類推適用されるということですので、時効中断のための催告などの「意思の通知」も同様に考えてよいのでしょうね。

――意思表示の到達の効果と表意者の故意、過失

A裁判官　公示送達の申立てに関してですが、相手方についての十分な調査もしないで、公示による意思表示をされたのでは、相手方は不測の損害を被るおそれがありますね。ですから、裁判所は、公示の申立てがあったときには、しっかり審査をする必要があるということになります。そこで問題ですが、裁判所が審査をして申立てを認めたけれど、実は、表意者の調査が十分でなかったというような場合は、意思表示の到達の効果はどうなりますか？

C事務官　表意者が相手方を知らないこと又はその所在を知らないことについて過失があったときは、到達の効果は生じないことになります（民法98条3項ただし書）。

A裁判官　そうですね。民法は過失について規定していますが、故意については規定していません。しかし、相手方の所在等がわかっているのに、それを隠していたなどという故意がある場合には、意思表示の効果が生じないことは当然ですね。相手方の所在を知らないことについて過失があったとされた事例として、大阪地判昭和29年8月9日があります。また、相手方の住所を知らないことにつき過失がないとされた事例として、東京地判昭和43年7月1日金融・商事判例121号14頁がありますので、その判決要旨を読んでみてください。

C事務官　「不動産登記簿上の住所に郵便物を送ったが行方不明で返送さ

れ、右住所を現地で調査したが判明せず、当該区役所の住民票も調べたが記載なく、隣家の者にも尋ねたが住所を知ることができなかったときは、民法97条の2第3項ただし書（現民法98条3項ただし書）の「過失」があったとはいえない。」

A裁判官 それから、意思表示の到達の効力について争いがある場合には、争う相手方が「相手方の所在を知っていたこと」又は「相手方の所在を知らなかったことについて過失があること」を立証しなければならないと解されていますね。最一小判昭和37年4月26日は、「民法第97条の2第3項ただし書（現民法98条3項ただし書）の過失の主張立証責任は、公示による意思表示到達の無効を主張する者にある。」としています。

——民事訴訟法上の公示送達

A裁判官 ところで、民訴法上の公示送達については第5章の「送達手続」で勉強していますが、復習を兼ね本章と関係する部分を補足しておきましょう。民訴法113条は、公示送達による意思表示の到達についての規定ですが、Bさんにこの規定の説明をしてもらいましょう。

B書記官 民訴法113条は、相手方に対する公示送達がされた書類に、その訴訟の目的である請求又は防御の方法に関する意思表示をする旨の記載があるときは、その意思表示は掲示を始めた日から2週間を経過した時に、相手方に到達したものとみなされるという規定です。旧民事訴訟法時代は、このような場合は、別途民法98条の意思表示の公示送達をとらなければならないということになっていましたが、このような二重手間を解消し、訴訟上の公示送達の手続をとることにより、相手方に対する意思表示が到達したものとみなされようになったものです（参考・法務省民事参事官室編『一問一答新民事訴訟法』〔商事法務、1996年〕119頁以下）。

C事務官 その訴訟の目的である請求又は防御の方法に関する意思表示をする旨の記載というのは、具体的にはどのようなものですか？

B書記官 例えば、賃貸借契約終了に基づく明渡請求訴訟における契約解除の意思表示や売買契約に基づく代金請求訴訟における売買予約完結の意思表示などが考えられます。

C事務官 2回目の公示送達からは、掲示を始めた日の翌日に効力を生じるということでしたよね。しかし、公示送達書類に、その訴訟の目的である請求又は防御の方法に関する意思表示をする旨の記載がされていた場合はどうなるのでしょうか？
B書記官 そのような記載がされている書類の公示送達の場合は、2回目以降であっても、やはり、掲示を始めた日から2週間経過した時に、相手方に到達したものとみなされることになります。
C事務官 そうすると、例えば期日呼出状については、翌日に到達の効力が生じ、そのような書面については2週間後に効力が生じるということになりますので、同時に掲示してもズレが生じるということになりますね。
B書記官 そのようになりますね。ですから、そのような記載のある書面があるときは、弁論期日の空転を避けるために、意思表示の到達時期を考慮して次回期日を指定することになるのでしょうね。
A裁判官 Bさんの説明のとおりですね。注意しなければならない点は、請求や防御の方法に関係のない事項については、訴状や準備書面等に私法上の意思表示が記載されていても、相手方に意思表示が到達したことにはならず、別途民法98条に基づく意思表示の公示送達の手続をとらなければならないということです。

――公示送達の管轄裁判所

A裁判官 それでは話を戻して意思表示の公示送達の管轄裁判所について説明してもらいましょう。
C事務官 意思表示の相手方を知ることができない場合には、表意者の住所地の簡易裁判所の管轄に属し、相手方の所在を知ることができない場合には、相手方の最後の住所地の簡易裁判所の管轄に属することになります（民法98条4項）。
A裁判官 それでは、所在不明の相手方との間の契約書に、紛争解決のための合意管轄裁判所の定めがなされていて、合意管轄裁判所が甲簡易裁判所で、相手方の最後の住所地が乙簡易裁判所管轄内だった場合には、どちらの管轄に属することになりますか？

C事務官 合意管轄があるので甲簡易裁判所になるような気がしますが。

B書記官 合意管轄は訴訟等についてのものですので、民法上の手続には合意の効力は及ばないのではないでしょうか。民法98条4項の規定に従い、相手方の最後の住所地を管轄する乙簡易裁判所の管轄に属すると考えてよいのではないでしょうか。

A裁判官 そうですね。Bさんが述べてくれたように考えられていますね。それでは、会社の本店、支店とも事実上閉鎖の状態にあり、代表者の所在も不明の場合、その会社に対する管轄はどうでしょうか？

B書記官 会社に対する意思表示の公示送達の申立てですし、会社法4条により「会社の住所は、その本店の所在地にあるものとする。」となっていますので、本店所在地の簡易裁判所の管轄に属するものと思います。

A裁判官 そのとおりですね。

──公示送達申立書の記載事項等

A裁判官 それでは、申立書の記載についてですが、どのようなことを記載しなければなりませんか？

C事務官 裁判所に対する申立てですので、事件の表示、当事者の表示、申立ての趣旨、申立ての原因、附属書類の表示などでしょうか。

A裁判官 申立ての趣旨はどのように記載しますか？

C事務官 申立ての趣旨としては、「申立人から相手方に対する意思表示を記載した別紙書面を公示送達の方法により送達されたい。」というような記載になると思います。

A裁判官 それでは、Cさん、申立書の申立ての原因としてはどのような内容を記載することになりますか？

C事務官 申立ての原因としては、意思表示を必要とする理由、相手方の不明又はその所在が知れないことを記載することになります。

A裁判官 Bさん、申立書に添付するものとしてどのようなものが考えられますか？

B書記官 相手方が不明の場合と相手方の所在不明の場合とでは、共通するものと独自に考えられるものがありますが、通常考えられる添付資料として

は次のものです（参考・『民事訴訟関係書類の送達実務の研究―新訂―』〔司法協会、2006年〕184頁以下）。
① 住民票写し
② 戸籍の附票謄本
③ 商業登記簿謄本
④ 市区町村の住民登録がない旨の証明書
⑤ 警察署長の捜索願届出済証明書
⑥ 弁護士法23条の2による照会書及びその回答書
⑦ 当事者又はその補助者の調査報告書
⑧ 住所が記載された契約書等
⑨ 民生委員、近隣者の所在不明証明書（陳述書）
⑩ 近親者の所在不明証明書（陳述書）
⑪ 内容証明書及び同返戻郵便

C事務官 ⑦の当事者又はその補助者の調査報告書は、民事訴訟の送達関係で、書留郵便に付する場合の上申や公示送達の申立ての場合にも提出してもらっていますが、同じような調査内容と考えてよいのでしょうね。

B書記官 そうですね。調査内容としては、電気、ガスの使用状況（メーターの作動状況、夜間の部屋等の照明の状況など）、郵便物の受取状況（ポストに相手方あての郵便物がたまっているか、郵便ポストの表示は誰になっているかなど）、建物・部屋の状況（表札の有無、カーテン、窓の状況、洗濯物の状況等人が住んでいるような状況かどうか）、近隣者からの聴取結果などですが、必要に応じて写真を添付するということも考えられます。

A裁判官 それから、調査報告書には、当然、調査を担当した者、調査した日時、調査場所の記載は必要ですね。また、民事訴訟法上の公示送達とは違い、「職権探知主義の排除」と解されています。前掲『新版注釈民法(3)』551頁は、「公示による意思表示の制度は私的自治の根幹をなす意思表示に関するから、この制度の利用が認められるべきかどうかの判定も、当事者の主張・立証をまち、かつ、これに依拠してのみ下されるべきだからである。」と解説しています。ところで、申立ての費用はいくらになりますか？

C事務官 費用は1000円です（民訴費用法3条・別表第1の16）。その他に

市区町村役場の掲示場への掲示の嘱託及び掲示日の通知書の返信用の切手が必要になりますし、官報に公告する場合はその費用の予納も必要になります。

――公示送達申立の許可決定の性質

A裁判官 ところで、申立てが適法で、その内容にも理由があり、証明も十分な場合は、申立てを許可する決定をすることになりますが、この決定の性質はどのようなものですか？

B書記官 この許可決定の性質は、申立てに応答する裁判であるという考えと申立てに応答する裁判というよりも、裁判官の書記官に対するいわば裁判所内における内部的許可と考える立場があるようです（横田康祐ほか『新・書式全書・簡裁民事手続Ⅱ〔3訂版〕』〔酒井書店、2006年〕452頁）。どちらの立場に依っても、実務では、送達等の告知手続は行っていないようです。

A裁判官 実務の処理の観点からいえば、どちらの立場をとるにしても外形上現れる処理方法に違いがないように思います。

――公示送達の手続の流れ

A裁判官 ところで、許可決定がなされると、書記官は公示の手続をとることになりますが、流れを具体的に説明してください。

B書記官 手続の流れは次のようになります。

1 裁判所の掲示場に、「公示送達」と題する書面を掲示します。記載内容は、書記官室において申立人の意思表示を記載した通知書を保管してあるので、受け取りに来るようにという旨の文言です。

2 裁判所が相当と認めるときは、官報への掲載に代えて、市区町村役場に、「通知書」と題する書面を役場の掲示場に掲示することを嘱託します。記載内容は、上記の公示送達と題する書面を裁判所の掲示場に掲示したことを通知する旨の文言です。

3 それから市区町村役場に対し、②の嘱託と同時に掲示を開始した日を書記官あてに通知することを嘱託します。

4 嘱託先の市区町村役場は、相手方を知ることができないときは申立人

の住所地の、相手方の所在を知ることができないときは相手方の最後の住所地の市区町村役場となります。

A裁判官 実務上は、ほとんどの場合、官報への掲載に代えて、書記官から市区町村あてに掲示の嘱託をしていますね。この嘱託に対し、市区町村役場から書記官あてに、いつ掲示をしたのかを知らせる通知が来ることになります。

──掲示の効果

A裁判官 ついでに掲示の効果の点についても説明してください。

B書記官 意思表示の公示送達は、最後の官報に掲載した日又は市区町村役場の掲示場に掲示を始めた日から2週間を経過したときに相手方に到達したものとみなされます（民法98条3項本文）。したがって、実務の扱いに従えば、市区町村役場からの「掲示の通知書」に記載された掲示をした日の翌日から起算して14日を経過した日が、当該意思表示の効力が発生する日となります。相手方へ意思表示が到達したことの擬制を待って、書記官は送達報告書を作成することになります。

C事務官 申立人としては、意思表示の効力が発生したことを書記官から証明してもらうわけですね。

B書記官 そうですね。申立人は、書記官に対し、意思表示の到達証明申請をして到達日を証明してもらうことになります。なお、意思表示の公示送達による結果、公示の手続による意思表示自体の瑕疵を争う余地がなくなったとしても、そのことから直ちに意思表示の到達による効果としての所定の権利義務関係の変動までが確定されるわけではありません。

A裁判官 申立人としては、意思表示の公示送達が無事済めば、事後の手続きに入ることができるということになりますね。

C事務官 意思表示の公示送達は奥深いものがあるのですね。当事者にとっては権利義務に関することにもなりますので、確かに重要なことになりますね。

B書記官 意思表示の公示送達は、相手方の権利関係に大いに作用するものですし、悪用を懸念される面もありますので、裁判所としては、申立ての審

査をきちんとしなければならないということも言えますね。

A裁判官 そういうことですね。意思表示の公示送達は、いわゆる訴訟事案ではありませんが、裁判所には的確・慎重な審査が求められますね。それでは、意思表示の公示送達はここまでにしましょう。

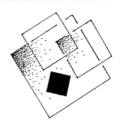

第7章 和解手続

> ◆この章で学ぶこと
> 　この和解手続においては、裁判上の和解の効用、性質、有用性、和解の成立を容易にする方策、和解に代わる決定、和解に代わる決定と少額訴訟の分割判決との関係、和解調書の効力を争う方法等について学習します。簡易裁判所においては、平成15年の民事訴訟法改正により、簡易裁判所の手続に関する特則として新たに設けられた和解に代わる決定が多く利用されていますので、その手続等にも注意を払いながら読み進めていきましょう。

A裁判官　和解には、民法上の和解と裁判上の和解というものがあります。裁判上の和解には、いわゆる訴訟上の和解と訴え提起前の和解というものがありますが、ここでは、訴訟上の和解手続についての勉強ということになりますので、以下和解といった場合は訴訟上の和解と理解してください。

──民法上の和解と裁判上の和解

C事務官　民法上の和解は、民法695条、696条に規定されていますね。民法上の和解と裁判上の和解に違いがあるのでしょうか？

A裁判官　和解というのは、当事者間の互譲に基づく約束ですね。大雑把に言って、民法上の和解というのは裁判外で締結される私人間の契約ですし、裁判上の和解とは裁判所を介しての和解ですから、手続の過程において大きな違いがあります。実質的な違いとしては、裁判上の和解の場合は、合意の

内容が調書に記載されれば債務名義を取得できますが、民法上の和解の場合は、債務者が債務の履行をしないときには結局裁判所に訴えて債務名義を取得することになります。ところで、裁判上の和解に関する民事訴訟法及び民事訴訟規則上の規定ですが、訴訟上の和解として、民訴法89条、264条、265条、267条、民訴規則67条1項1号、163条、164条があり、訴え提起前の和解として、民訴法275条、民訴規則169条があります。

——和解の効用

A裁判官 まず和解の効用というものについて考えてみましょう。和解と判決を比べた場合の利点として考えられるのはどういう点でしょうか？

B書記官 和解は当事者の互譲による自主的な紛争解決ですが、判決と比べた場合に次のような利点があるとされています。

1　和解は判決同様の強制執行力を有しますが、給付の内容、給付の条件が同じであっても、当事者の主観的事情、その納得の有無、履行可能性等をまったく考慮しない判決と、当事者が納得して履行可能の限度で合意した和解とでは、任意の履行状況が著しく異なるということ
2　簡易裁判所においては、司法委員の関与により、一般の良識やあるいは専門的、職業的な知識経験を反映させることができること
3　和解によって手続が迅速に終結するので、当事者はより迅速に権利の実現を図ることができること
4　判決によれば、白黒決着をつけられることにより当事者間にしこりが残る場合が多いのですが、和解にはそのしこりを軽減させる作用があること
5　判決は当事者が求めた請求権（訴訟物）の存否が対象となりますが、和解の場合は当事者の合意によって、訴訟物以外の請求権も対象とすることができること
6　補助参加人や証人、それまで訴訟に関与していなかった訴求された主債務者の保証人や当事者の親族などの第三者も和解に関与することができ、当事者と第三者との関係でも紛争解決に寄与することができること

C事務官 和解は当事者の互譲による自主的な紛争解決ですから、被告側か

第7章　和解手続

らの任意の履行が望めるということでしょうか？

A裁判官 そうですね。判決によれば、白黒決着をつけられることにより当事者間にしこりが残る場合がありますが、和解にはそのしこりを軽減させる作用がありますからね。それから、これも和解の大きな効用ですが、判決の場合は当事者が求めた請求権（訴訟物）の存否が対象になるだけですが、和解では当事者の合意によって、訴訟物以外の請求権も対象とすることができます。また、和解には補助参加人や証人、それまで訴訟に関与していなかった保証人や当事者の親族などの第三者も利害関係人として和解に関与することができ、当事者と第三者との関係でも紛争解決に寄与することができますね。

——和解と調停の共通点と相違点

C事務官 和解と調停が似ているような気がしますが。

B書記官 和解と調停には共通点がありますね。その共通点は、当事者が自らの意思によって、紛争を終局的に解決するという自主的解決であるという点だと思います。また、事実の存否については、判決の場合ほど事実認定の厳格さは要求されずに、かなり柔軟性、自由性を有している点も共通しているように思います。

A裁判官 それから、手続的な面からみれば、和解手続も調停手続も非公開が原則ということですね。人的構成の面においては、調停の場合は調停主任裁判官と民間の調停委員によって構成される調停委員会によって民意の反映が図られますが、簡易裁判所における和解の場合は民間人から選任された司法委員の補助を得ることができる（民訴法279条1項）ので、調停に類する民意の反映を図ることができますので、その点でも共通点をみることができますね。それに、和解と調停も当事者の合意によって成立するものですが、裁判による手続なので合意の内容は判決と同じ効力が与えられています（民訴法267条、民調法16条）。

C事務官 和解と調停の違う点はないのでしょうか？

A裁判官 和解と調停との違うという面をあえて取り上げれば、手続面が違うのは当然ですが、調停は、当事者の間に存在する感情的な面を含めて比較

的強い紛糾が予想される事案であって、しかも、訴訟による解決が適当でない場合に利用価値が高いといわれている点でしょうか。訴訟上の和解は、訴訟が裁判所に係属した後に、当事者間に存在する争いを解決し、訴訟を終了させることを約束する訴訟法上の合意をいいますからね。

——司法委員の関与

A裁判官 それから、和解には調停と同様に民意を反映するということになっていますが、そこには司法委員の存在が大きいということになります。つまり、司法委員の関与により一般の良識やあるいは専門的、職業的な経験知識を反映させられることも和解の効用の一環となっています。

B書記官 民訴法279条は司法委員に関する規定をしていますね。第1項に「裁判所は、必要があると認めるときは、和解を試みるについて司法委員に補助させ」とありますが、簡易裁判所の実務においては、司法委員はなくてはならない大きな存在だと思います。

C事務官 司法委員の方々には、専門的知識をお持ちの方がいらっしゃるので、当事者双方も司法委員の方の話に納得されて円満に和解が成立するケースも多いようですね。

B書記官 交通事故の事案で、相手方の落度ばかりを責めていた当事者が、司法委員の話を聴き、自分にも落度があることを理解して、事故に対する過失割合に納得して和解が成立したという場合は、当事者ばかりでなく私にとっても、めでたし、めでたしという感じになります。

——和解で考慮しなければならない点

C事務官 和解の効用についてはわかりましたが、和解で考慮しなければならないとされる点はないのでしょうか？

A裁判官 そうですね。各民事訴訟法の基本書に目を通してみますと、それぞれの観点から和解の短所等についての記載がありますが、共通して述べられていることは、裁判所による押しつけ和解は良くないということです。

B書記官 和解の効用として、判決と比べて任意履行の可能性の高さや当事者の自主的な紛争解決及び紛争解決の妥当性と迅速性などがあげられます

が、判決による紛争解決を望む当事者の意思は無視できないので、裁判所が和解案の方が紛争の実情に即した解決につながると信じた場合であっても、和解を押しつけるわけにはいかないということなのですね。

──当事者一方のみが譲歩した場合

A裁判官 押しつけ和解は良くありませんが、それでは、当事者一方のみが全面的に譲歩する和解は可能でしょうか？
B書記官 和解は当事者の互譲なので、当事者一方のみが全面的に譲歩するものは和解とは言えないような気がしますが。
A裁判官 そうですね。このような場合は互譲とはいえないので、和解ではなく、請求の放棄、認諾ということになるのでしょうね。しかし、互譲の程度については、訴訟物に代えて新たな権利関係を創設してもよいですし、当事者が互譲の方法として係争物に関係のない物の給付義務を負担し、あるいは別個の権利関係を加えた場合などにも互譲にあたると広く解されています。
C事務官 ということは、当事者間でそのような内容の話が整えば、一方のみの全面的互譲ではなくなるということで、裁判上の和解が可能ということになるのですね。
A裁判官 なによりも当事者の意思が重要ですから、そのように考えて良いのでしょうね。

──訴訟上の和解ができない事案

C事務官 訴訟上の和解ができない事案があると思うのですが？
A裁判官 訴訟上の和解ができる範囲については、法律上の制限はないようですが、人事訴訟、行政訴訟、株主の代表訴訟や株主総会決議取消又は無効の訴えなどの会社関係訴訟、執行文付与や請求異議の訴えなどの執行関係訴訟、共有物分割請求の訴え、境界確定の訴え、保全訴訟などのように裁判によって法律状態を直接発生、変更、消滅させることを目的とする訴訟は和解に馴染まないとされています。

──和解の有効性

A裁判官 それでは和解の有効性について説明してもらいましょう。

C事務官 合意された和解が有効であるためには、第1に合意の内容が実現可能であること、第2に合意の内容が確定していること、第3に合意の内容が適法なこと、第4に合意の内容が社会的妥当性のあること、ということですよね?

A裁判官 よく勉強していますね。社会的妥当性のあることというのは、言葉を換えていえば公序良俗に反しないものであることを要するということになりますね。

──訴訟上の和解の性質

A裁判官 それでは、ここで訴訟上の和解の性質について触れてみましょう。

B書記官 訴訟上の和解の性質については、「私法行為説」、「訴訟行為説」、「併存説」、「両性説」があるということを記憶していますが(参考・秋山幹男ほか『コンメンタール民事訴訟法Ⅱ〔第2版〕』〔日本評論社、2006年〕200頁以下)。

A裁判官 そうですね。訴訟上の和解の性質についての各説は次のように考えられていますね。ここでは、このような説があるということを覚えておけば良いとしておきましょう。

1　私法行為説は、訴訟上の和解は、訴訟の期日においてなされる私法上の和解であり、調書の記載は締結された和解契約を公証するにすぎないとする考えです。

2　訴訟行為説は、訴訟上の和解は、訴訟の期日において当事者双方が訴訟物について一定の実体法上の処分をすることによって訴訟を終了させる旨の訴訟法上の陳述であり、私法上の和解とは全く別個の訴訟行為であるとする考えです。

3　併存説は、訴訟上の和解は、訴訟終了を目的とする訴訟上の契約と私法上の和解契約とが併存したものであり、前者は訴訟法によって規律さ

れ、後者は実体法条の規律に服し、その効力はそれぞれ別個独立に判断されるとする考えです。

4　両性説は、訴訟上の和解は、私法上の和解たる性質と、訴訟を終了せしめる訴訟行為としての性質という二重の性質を有する1個の行為であり、その効力は相互に影響を及ぼすとする考えです。

──和解の成立を容易にする方策としての受諾和解、裁定和解

A裁判官　訴訟上の和解には、当事者双方が口頭弁論期日に出頭して裁判官の面前で合意することが基本なのですが、和解の成立を容易にするための方策がありますね。どのような方策でしょうか？

B書記官　和解の成立を容易にするための方策としては、書面による受諾和解（民訴法264条、以下「受諾和解」という。）と裁判所が定める和解条項（民訴法265条、以下「裁定和解」という。）があります。

A裁判官　そうですね。受諾和解の制度は、当事者双方に和解の意思があり、その内容も確認できるのに一方当事者の不出頭のみを理由に和解の成立を否定することは紛争解決の途を閉ざすことになるので、当事者の出頭を緩和して、和解の成立が妨げられるのを防ぐ制度として規定されたのですね。裁定和解の制度は、両当事者が和解条項に服する旨記載した共同の申立てを裁判所に提出すれば、裁判所は事件解決のために適当な和解条項を定めることができるという、この方策も和解の成立を容易にするためのものですね。

C事務官　受諾和解の場合の当事者が出頭困難と考えられるのはどのような場合がありますか？

A裁判官　当事者の一方が遠隔地に居住する場合のほか病気、入院、長期の出張、刑務所への収容などが考えられますね。Bさん、この受諾和解の手続はどのようになりますか？

B書記官　手続としては、裁判所が和解条項の案を書面で不出頭当事者に提示して、不出頭当事者がその和解案を受諾する旨の書面を提出し、相手方当事者が口頭弁論期日に出頭して和解条項案を受諾したときは、当事者間に和解が整ったものとみなされます。不出頭当事者の受諾は、書面によることが

必要ですが、この書面は民訴規則3条1項各号に当たらないので、ファックスで提出することもできます。裁判所は、受諾の真意を確認しなければなりません（民訴規則163条2項）が、その確認方法は相当なもので足りるとされています。一般的には、当事者本人の場合は和解条項案と同時に送った受諾用紙書面に署名押印し、押印にかかる印鑑証明の提出を促し、弁護士や認定司法書士が代理人の場合には電話聴取書で真意の確認を行うなどの方法がとられています。

C事務官 和解条項案に受諾しない場合は、その旨申し立てをすればよろしいのでしょうが、基本的には受諾するけれども、条項案の一部だけを変更してもらいたいときはどうなるのでしょうか？

B書記官 その場合は、裁判所に条項案の変更を申し出ることになります。それに基づいて原告の意思確認などの手続が進められたうえ、裁判所から新たな条項案の提示がなされることになると思います。

C事務官 裁定和解という制度は、基本的には、和解勧試の過程において形成された裁判所と当事者との間の信頼関係に基づくものであると考えられているとのことですが（法務省民事局参事官室編『一問一答新民事訴訟法』〔商事法務、1996年〕312頁）、利用される率は多いのでしょうか？

A裁判官 簡易裁判所の実務においては、あまり利用されていないのではないでしょうか？　受諾和解も利用率がかなり低いのですが、それは簡易裁判所においては和解に代わる決定の制度があるからだと思います。

——和解に代わる決定

C事務官 その和解に代わる決定のことを少し詳しく教えていただけないでしょうか？

A裁判官 和解に代わる決定は、平成15年の民事訴訟法改正（平成15年7月16日法律108号）により、簡易裁判所の手続に関する特則として新たに設けられた規定です。平成10年1月1日施行の現民事訴訟法において、受諾和解と裁定和解の規定が新設されたのですが、簡易・迅速な手続が要求される簡易裁判所の実務においては、両規定の適用が馴染まず、依然として従来多用されていた民事調停法17条の調停に代わる決定（以下「民調法17条決

定」という。）による処理が多く行われていたこともあり、このような経緯と実情を考えて和解的解決を円滑に図ることを目的として和解に代わる決定の制度が導入されたようです（小野瀬厚・武智克典『一問一答平成15年改正民事訴訟法』〔商事法務、2004年〕83頁）。

C事務官　民訴法275条の2によれば、和解に代わる決定の要件として、
① 金銭の支払の請求を目的とする訴えであること
② 被告が口頭弁論において原告の主張した事実を争わず、その他何らの防御方法を提出しないこと
③ 裁判所が被告の資力その他の事情を考慮して相当と認めるとき
④ 原告の意見を聴くこと

とありますが、原告が主張する事実を被告が争えば絶対に和解に代わる決定はできないということになるのでしょうか？

A裁判官　和解に代わる決定ができるのは、原則として、被告が請求原因事実を認めるか、あるいは擬制自白（法159条）の場合に限られるのでしょうが、例えば、金銭請求に関して、金額の点についてだけ被告が争い、被告の主張する金額を認めてくれるのであれば、その金額を分割で支払いたいという場合のときに、原告が争いのある金額部分を減額して（被告の主張する金額を認めて）分割支払いに応じるときは、当事者の争いのある部分は解消されたとして和解に代わる決定をする例もあります。その方が当事者の意思に合致するとも言えますからね。

——口頭弁論期日に被告出頭、原告欠席した場合の和解に代わる決定

C事務官　口頭弁論期日に被告が出頭して原告が欠席した場合は、和解に代わる決定はできないのでしょうか？

A裁判官　実務では、原告が出頭して、被告が分割支払の額などを記載した答弁書を提出して欠席した場合が通常なのですが、原告がやむを得ず欠席した場合でも、被告と分割についての内々の話し合いがなされていたことが原告の上申書などで認められる場合には、被告から事情を聴いたうえで和解に代わる決定がなされる例もないわけではありません。

——分割払いの期間

B書記官 分割払いの期間についてですが、「5年を超えない範囲内において」と規定されていますが、被告が5年を超える分割払いを希望する答弁書の提出をして口頭弁論期日を欠席した場合などは和解に代わる決定はできなくなるという理解でよろしいのでしょうか？

A裁判官 難しい質問ですね。このような場合はできないという考えとできるという考えがありますね。できないという考えは条文を忠実に解釈する立場ですが、できるという立場の考えは、5年という期間は、債務者の経済的更生だけからではなく債権者側にも配慮して定められたものであり、裁判所が被告の資力その他の事情を考慮して、原告の意見を聴いて法定の期間内で分割払いの期間を定めるという性質のものなので、その期間内に特定の行為をしないと、以後その行為をすることができなくなるという失権やその他の不利益を受けるという上訴期間や即時抗告期間のような不変期間とは性質が異なり、5年を超えた期間の分割払いを内容とする決定もできると解しているようです。

B書記官 できないと考える立場はどのような処理をすることになるのでしょうか？

A裁判官 一括支払いの判決をすることもあるでしょうし、民調法17条決定を考える場合もありますね。それから和解に代わる決定はしますが、「5年経過前の最終支払期日に残金を一括して支払う。」という条項にしたり、「最終支払期日に改めて残金の分割支払いを協議する。」という条項にしたりする場合も考えられますね。

B書記官 積極説をとった方が、事後処理のことなどを含めて当事者の意思にも適うような気がしますが、条文に忠実に消極説をとる裁判官もいらっしゃるということですね。

A裁判官 それぞれの考えに基づいての判断ですからね。しかし、消極説をとる裁判官も当事者の意思を大切にしていることは確かですね。

——和解に代わる決定と少額訴訟の分割払判決との関係

C事務官 少額訴訟の場合には、分割払判決の規定（民訴法375条）がありますね。少額訴訟では分割払判決と和解に代わる決定との関係はどうなのでしょうか？

A裁判官 確かに分割払判決と和解に代わる決定には共通性がありますね。和解に代わる決定は、簡易裁判所の訴訟手続に関する特則として規定されていますので、少額訴訟手続にもこの特則が適用されます。分割払判決の分割支払いの期間は3年となっていますので、3年を超える場合などには和解に代わる決定が有効に作用することになります。このような場合、通常手続に移行（法373条）させるかどうかの問題がありますが、実務の取扱いは、通常手続に移行させることなく、少額訴訟手続のまま和解に代わる決定をしているのではないでしょうか。また、3年以内の分割支払い期間であっても、諸事情を勘案して、和解に代わる決定がなされている事例も少なくありません。

——利害関係人参加の和解に代わる決定

C事務官 この間電話での問い合わせがあったのですが、訴訟になっている建物の未払賃料請求に関して、「自分は賃貸借契約の保証人になっている。弁論期日には被告である賃借人は都合が悪く出席できないので、自分が出席して、賃貸人である原告と話し合って、自分も含めて支払関係を決めたいが、そういうことができるのか？」という質問でした。担当の書記官のお話ではこのような場合には、保証人に利害関係人となってもらって、利害関係人を加えた形での和解に代わる決定がなされる場合もあるということでしたが、そのような方法もあるのでしょうか？

A裁判官 金銭に関する支払であって、原告、被告の意思にも反しないというのであれば許されると思います。

——被告の資力等の判断材料

B書記官 和解に代わる決定の要件に「裁判所が被告の資力その他の事情を

考慮して相当と認めるとき」とありますが、被告が欠席の場合などはその判断が難しいと思うのですが、どういう基準で決定されているのでしょうか？
A裁判官　「被告の資力その他の事情」とは、被告の収入・支出の状況や生活状況、他の債務の有無や債務の総額、他からの経済的援助の有無などが考えられます。これらの判断資料は、被告が口頭弁論期日に出席していれば直接聴くことができますが、確かに欠席の場合には相当性の判断に難しいものがありますね。実務の取扱いとしては、被告提出の答弁書に記載されている事情に基づき、原告から意見を聴いて判断しているのではないでしょうか。

——期限の利益喪失の定め

C事務官　民訴法275条の2第2項に「被告が支払を怠った場合における期限の利益の喪失についての定めをしなければならない。」とありますが、1回でも支払を怠れば期限の利益を喪失させるのでしょうか？
A裁判官　この規定は、分割支払いによって支払が猶予されたにもかかわらず任意の支払を怠った被告に対して、期限の利益を付与する理由がないところから設けられた規定ですが、分割金の支払を何回怠ったら期限の利益を喪失させるかは、裁判所の裁量によることになります。実務では一般に2回程度の不履行で期限の利益を喪失させている例が多いようですが、分割回数が少ない場合や未払賃金請求の場合などには、1回の遅滞で喪失させる例もあります。

——和解に代わる決定に対する異議申立とその後の手続

C事務官　和解に代わる決定は、決定の告知を受けた日から2週間以内に異議を申し立てるとその効力を失うとありますが、異議があった場合はその後の手続はどうなるのでしょうか？
A裁判官　和解に代わる決定をする際に、①弁論を終結して、判決言渡期日を追って指定にする場合と、②弁論を終結せずに、当該口頭弁論期日を続行し次回期日を追って指定にする場合があり、実務の運用は分かれているようです。Bさん、それぞれの場合のその後の手続の流れはどうなりますか？
B書記官　①の弁論を終結した場合には、弁論を再開せず異議申立後直ちに

判決ができるという利点がありますが、再度審理をする場合には弁論の再開決定をしたうえで、口頭弁論期日を指定することになります。②の次回期日追って指定の場合には、単に口頭弁論期日を指定して当事者を呼び出すことになります。

──和解調書の効力とその効力を争う方法

A裁判官 最後になりますが、Bさん、和解に代わる決定の効力はどのようなものですか？

B書記官 和解に代わる決定は、裁判上の和解と同一の効力を有する（民訴法275条の2第5項）ことになります。

C事務官 和解の基礎となる当事者の意思表示に瑕疵があった場合は、どのような救済方法があるのでしょうか？

B書記官 それは、和解調書の効力を争う手続はどのような方法があるのでしょうかという意味ですね。

A裁判官 和解調書の効力を争う手続の前提として、まず和解の既判力の有無について、「既判力肯定説」、「既判力否定説」、「制限的既判力説」などの考えがあることを頭の隅においておかなければなりません。

1　既判力肯定説では、和解の成立過程における意思表示の瑕疵は、再審事由に相当する場合にだけ、しかも、再審の訴えによって和解ないしその調書の取消しを求めうるにすぎないという考えです。

2　既判力否定説では、民法上の和解契約の場合と同様に、私法の規律するところに従って、その無効又は取消しを認めるべきであり、その主張は再審の訴えによってする必要はないという考えです。

3　制限的既判力説というのは、和解に瑕疵がなく有効な限り既判力があるという考えです。

C事務官 和解に既判力を認める立場と認めない立場では、理論上救済を求める手段等に差異が生じるということになるのですね。

A裁判官 そういうことになります。しかし、理論上の差異は別として、実務の取扱いとしては、和解の瑕疵を理由とする前訴の期日指定申立てを認めていますし、和解無効確認の訴えや請求異議の訴え（民執法35条）の別訴提

起も認めていますので、既判力の有無にこだわらなくともよいと思います。それでは、和解に参加した利害関係人は、期日指定の申立てができますか？
B書記官 利害関係人は、訴訟の当事者ではありませんので、期日指定の申立てはできません。
A裁判官 そうですね。当事者から期日指定の申立てがあった場合には、訴訟は再び進行を始めることになりますので、続行期日を指定することになります。審理の結果、和解が有効あるいは無効と認められた場合は、どのような形で判断されますか？
B書記官 和解が有効であれば、訴訟は和解により終了した旨の終局判決をすることになりますし、無効ならば、終局判決の理由中で判断すればよいとされています。

──和解無効確認の訴えと請求異議の訴えの管轄裁判所

A裁判官 それでは、和解無効確認の訴えや請求異議の訴えの管轄裁判所はどうなりますか？
B書記官 請求異議の訴えの管轄裁判所は、訴額が140万円以下の場合は、その和解をした簡易裁判所、140万円を超えるときは、その簡易裁判所の所在地を管轄する地方裁判所の管轄に属することになります（民執法35条3項、33条2項）。和解無効の訴えの管轄裁判所は、管轄の定めがないので、一般原則に従って事物管轄及び土地管轄の規定が適用されることになると思います。

──請求異議の訴えと強制執行停止決定を求める申立て

A裁判官 請求異議の訴えを起こしても、和解調書が存在する限りはこれを債務名義として強制執行を受けることも考えられますね。このような場合には、請求異議の訴えを提起するほかに強制執行停止決定を求める申立て（民執法36条、39条項7号）をするのが良いのでしょうね。
C事務官 請求異議の訴えもないわけではありませんので、強制執行停止決定を求める申立てをすることの重要性が理解できます。
A裁判官 Cさんの理解が進んだところで、和解手続の勉強は終了としまし

ょう。ところで、裁判上の和解といわれるものには、これまで勉強した訴訟上の和解のほかに民訴法275条の訴え提起前の和解がありますね。ということで、訴え提起前の和解については、次の第8章で学習しましょう。

第8章 訴え提起前の和解手続

◆この章で学ぶこと

　この訴え提起前の和解手続においては、訴え提起前の和解の制度の目的、申立書の記載内容、申立手続等について学習します。訴え提起前の和解手続においては、「民事上の争い」という点がポイントになりますし、債務名義取得の関係では公正証書との違いもあります。その点を念頭に置きながら読み進めていきましょう。

A裁判官　今日は、訴え提起前の和解手続についてですね。本題に入る前に、Cさんが窓口応対をして疑問に思った点からうかがいましょう。

C事務官　窓口に見えられた家屋の賃貸人という方の受付相談だったのですが、お貸ししている家屋を賃借人から返還してもらうことに一応話がついたので、取り決めたことをきちんと書面化したい。知人が、「簡易裁判所の訴え提起前の和解手続を利用したら。」とアドバイスしてくれたので、申立てが可能なのかどうか？　可能であれば申立ての方法などを教えていただきたいというものでした。担当の書記官にバトンタッチしましたが、当事者間で円満に話し合いがついていることについて、書面化するためにだけ訴え提起前の和解手続を利用できるのかどうかという素朴な疑問を持ちました。

A裁判官　Cさんの疑問は訴え提起前の和解の根本的な問題点を指摘していますね。訴え提起前の和解は、原則として、「民事上の争い」のあることが前提となっていますからね。それでは、訴え提起前の和解手続についての基本を勉強しながら、Cさんの疑問についても検討していきましょう。まず、

Cさんに民訴法275条1項の条文を読んでもらいましょう。

C事務官 「民事上の争いについては、当事者は、請求の趣旨及び原因並びに争いの実情を表示して、相手方の普通裁判籍の所在地を管轄する簡易裁判所に和解の申立てをすることができる。」

──訴え提起前の和解制度の目的

A裁判官 ありがとう。訴え提起前の和解に関する規定は民訴法275条だけですが、Bさん、訴え提起前の和解が規定された趣旨はどのようなものですか？

B書記官 一般の民事紛争が訴訟として裁判所に持ち込まれることをできる限り防止することを目的として、訴え提起前に簡易裁判所に対して和解の申立てをし、紛争の解決を図る道を開いたものといわれています（吉村德重・小嶋武司編『注釈民事訴訟法(7)証拠』〔1995年、有斐閣〕364頁以下）。

A裁判官 そうですね。当事者間に存在する権利関係の紛争について、訴えを提起する前に申立てによって、紛争を円満に解決しようというものですね。しかし、実務の実際は、訴え提起前の和解の申立てがなされる前にすでに当事者間で話し合いがされて、取り決められたことを、この和解手続により、その内容を和解調書に記載させることによって債務名義を得る意図でなされるものが大半を占めているといっても過言ではないようです。したがって、裁判所の果たす役割は、和解の斡旋、勧告ではなく示談内容を公証するにすぎないという評価や、専ら特定物引渡について安価、簡便に債務名義を得る手段として利用されていると指摘されていることも事実です。

──訴え提起前の和解と訴訟上の和解の共通点と相違点

A裁判官 ところで、Bさん、訴え提起前の和解において、合意内容が調書に記載されるとどのような効力を持つことになるのですか？

B書記官 訴訟上の和解と同様の効力を持つことになります。ということは、確定判決と同一の効力を有することになります（民訴法267条）。

A裁判官 そうですね。つまり、訴え提起前の和解と訴訟上の和解との違いは、訴え提起前の和解は、訴訟の係属がなく、民事上の争いについてなされ

るものであるのに対して、訴訟上の和解は、訴訟の係属が前提となり、訴訟物たる権利又は法律関係についてなされるものであるということですね。そして、以上の点を除くと、法的性質、要件、方式、効果についての違いはなく、民訴法267条、民事執行法22条7号においても、訴訟上の和解と訴え提起前の和解を同一のものとして扱っています。ということで、訴え提起前の和解は、訴訟係属は前提とされていないのにもかかわらず、訴訟上の和解と同様の効力を持つことができますので、そこにメリットがあるということになります。

──訴え提起前の和解と公正証書の相違点

A裁判官 債務名義取得という面についてみれば、公正証書の作成によっても訴え提起前の和解と同様の効用を得られるわけですが、そこで、Bさんに公正証書と訴え提起前の和解の違い等を説明してもらいましょう。

B書記官 公正証書は、「金銭の一定の金額の支払又はその他の代替物若しくは有価証券の一定数量の給付を目的とする請求」の場合で、「債務者が直ちに強制執行に服する旨の陳述が記載されているもの」に限って債務名義になるという制限があります。しかし、訴え提起前の和解には、和解の対象となる請求の内容に制限はありませんので、金銭債権に関するものはもとより、土地や建物の明渡請求、特定物の引渡請求、その他の作為、不作為の請求権、意思表示を求める請求権についても認められることになります。それから、手数料の違いがあります。訴え提起前の和解の場合は一件2000円（民訴費用法3条1項、別表第1の9）となっていますが、公証人手数料は法律行為の目的の価額によって違ってくることになります。

A裁判官 訴え提起前の和解と公正証書では、Bさんが説明してくれたような違いがあり、そのことにより、訴え提起前の和解が多く利用されているともいえますね。私の経験ですが、不動産の移転に伴う約2億5000万円の金銭の授受に関する申立てがありました。訴え提起前の和解では2000円の手数料で済みますが、公正証書の手数料は単純計算でも最低8万2000円になります（公証人手数料令・別表）。手数料にこれだけの差があるというのは事実です。

──訴え提起前の和解の新受件数等

A裁判官 ところで、Bさんが訴え提起前の和解の新受件数等を調べてくれていますので紹介してもらいましょう。

B書記官 全国の簡易裁判所に申立てられた新受件数を調べてみました。平成15年度には6987件の新受件数がありましたが、年々減少して平成27年度には2837件となっています。平成27年度は平成15年度の半分以下の新受件数です。

C事務官 8高裁管内で新受件数が多いのは、やはり東京高裁管内になりますか？

B書記官 そうですね。平成27年度の統計をみてみますと、東京高裁管内が916件、大阪高裁管内が696件、福岡高裁管内が654件、名古屋高裁管内が196件、広島高裁管内が118件、仙台高裁管内が115件、札幌高裁管内が95件、高松高裁管内が47件となっています。

C事務官 簡易裁判所ごとの件数で一番新受件数が多いのはどこの裁判所になりますか？　やはり東京簡易裁判所でしょうか？　もし調べてあるのでしたら教えてください。

B書記官 私も興味がありましたので調べてみました。ただ司法統計上、各地裁管内簡裁の合計しか出ておりませんので、地裁管内単位での合計新受件数と理解してください。これも平成27年度の統計からですが、一番多いのは大阪の447件です。東京は2番目で417件、3番目は福岡の345件となっています。新受件数が3桁になっているのは、横浜137件、熊本130件、京都121件、名古屋115件です。他の地方都市と比べて熊本が多いと感じましたので、熊本の平成23年度の新受件数も調べてみましたところ147件となっていましたので、熊本は訴え提起前の和解の利用率が高いということができると思います。

C事務官 ありがとうございます。統計の数字というのは無味乾燥のようですが、奥深いものがあり面白いですね。

──申立ての事案について

A裁判官 それでは、Bさん、訴え提起前の和解の申立てにはどのような事案がありますか？

B書記官 土地明渡請求や建物明渡請求の不動産に絡む事案が各年度に共通して多いようです。その他、貸金請求、請負代金請求、立替金請求、求償金請求、債務不存在確認など民事事件一般にみられる内容の申立てがあり、珍しいところでは音楽著作物使用料請求などもあるようです。

A裁判官 やはり、不動産に絡む事案が多いようですね。一番ポピュラーなのは、市営住宅、県営住宅等の公営住宅の未払賃料等請求ですが、大型ビル建て直しのために、テナントに対する建物明渡請求も多くありますね。このような事案の中には賃借人に対する立退料支払いの額が結構高額なものがあり、ちょっと意外性を感じたりします。それから、交通事故を起こし、自賠責保険によって国から被害者に支払われた賠償金に対する自賠責保険の求償金請求というのも結構ありますね。

──訴え提起前の和解の管轄

A裁判官 それでは、Cさん、訴え提起前の和解の管轄についてはどうでしょうか？

C事務官 訴え提起前の和解の管轄は、相手方の普通裁判籍の所在地（民訴法4条）の簡易裁判所に属します（民訴法275条1項）。当事者が合意すれば、合意のなされた裁判所を管轄とすることもできます（民訴法11条1項）。この場合は、合意した旨の書面の提出が要求されます（民訴法11条2項）。また、相手方が数名の場合は、権利関係が共同訴訟の要件を備えていれば、そのうちの1人の普通裁判籍を有する簡易裁判所に他の者を併合して申立てをすることができるとされています。

──管轄権のない簡易裁判所に申立てがなされた場合の処理

A裁判官 もし管轄権のない簡易裁判所に申立てがなされた場合には、どの

ような扱いになりますか？

B書記官 管轄権のない簡易裁判所に申立てがなされた場合には、申立てを却下しなければならないという考えもあるようですが、却下するのではなく、民訴法16条1項を類推して、管轄裁判所に移送する扱いが妥当という考えがあります（秋山幹男ほか『コンメンタール民事訴訟法Ⅴ』〔日本評論社、2012年〕346頁）。実務の扱いでも、そのような扱いをしているのではないでしょうか。

A裁判官 そのようですね。実務の実情としては管轄違いの申立ては少ないようですが、管轄がなければ却下するのではなく管轄裁判所に移送する扱いが妥当だと思います。却下すべき旨の明文の規定もありませんし、管轄裁判所に移送した方が当事者の意に沿いますし、訴訟経済の理念にもかなうと考えられますからね（裁判所職員総合研修所『民事実務講義案Ⅲ〔五訂版〕』〔司法協会、2013年〕167頁）。また、応訴管轄も考えられますので、申立人から、相手方の出頭の有無について事情聴取のうえ、応訴管轄の発生を待つ扱いをする場合もありますね。もし、管轄権のない簡易裁判所で和解が成立した場合にはその効力はどうなりますか？

B書記官 管轄権のない簡易裁判所で和解が成立し、和解調書が作成された場合には、訴え提起前の和解にも応訴管轄が認められていますので、その和解は有効となるのではないでしょうか。

A裁判官 そのとおり和解は有効ですね。

――訴え提起前の和解の申立てによる法律上の効果

A裁判官 それでは、話は前後しますが、訴え提起前の和解の申立てによる法律上の効果としてどのようなものが考えられますか？

B書記官 申立ての法律上の効果には、実体法上の効果と訴訟法上の効果が考えられます。実体法上の効果としては、時効の中断（民法151条）があります。中断の時期は、民法147条1項の規定を類推して和解の申立てがなされた時と解するのが相当であろうとされています（横田康祐ほか『簡裁民事手続Ⅰ〔3訂版〕』〔酒井書店、2006年〕227頁）。ただし、和解のための呼出しに相手方が出頭しないとき、又は和解が調わなかったときは、1ヶ月以内に訴

えを提起しなければ、時効中断の効力は生じなかったことになります。また、訴訟法上の効果としては、民訴法79条3項の担保権の権利の行使に該当します。つまり担保権利者が、被担保権利に関して訴え提起前の和解の申立てをした場合には、担保権実行のための権利行使に該当すると解されています（大阪高決昭和32年9月19日高民集10巻8号472頁）。

A裁判官　そのとおりですね。

——「民事上の争い」について

A裁判官　それでは、ここでＣさんの最も疑問とする「民事上の争い」について検討していきましょう。先ほど、民訴法275条1項を読んでもらいましたが、訴え提起前の和解は、裁判所における紛争解決の一制度ですので、申し立てるに当たっては「民事上の争い」が必要ということになります。争いがないのに締結された和解は法律上効力を生じないとされています（同旨・名古屋地判昭和46年9月14日判例タイムズ271号216頁、田川簡決平成8年8月6日判例タイムズ927号252頁）。そこで、「民事上の争い」とはどのような場合をいうのかという問題が生じるわけです。この点について、Ｂさんはどのように考えますか？

B書記官　やはり当事者間の「民事上の争い」がなければならないと思いますが、実務上は、現時点において争いがなくとも、将来においても争いの可能性があればよいというスタンスなのではないでしょうか。

A裁判官　そのような理解でよいのでしょうね。権利関係の存否、内容又は範囲についての主張の対立に限られるのではなく、広く権利関係についての不確実や権利実行の不安を含み、あるいは必ずしも現在の紛争がなくとも、訴え提起前の和解の申立ての際に将来の紛争の可能性が予測できる場合も含むと解しているのが実務の大勢だと思います（同旨・大阪地決平成3年5月14日判例時報1455号119頁、東京地決平成8年9月26日判例タイムズ955号277頁）。しかし、申立てを却下した事例もあります。家屋明渡和解申立却下決定に対する取消決定事件についての名古屋地判昭和42年1月16日判例タイムズ202号127頁（判例時報476号47頁）は、訴え提起前の和解申立て当時において、当事者間に将来の権利の実行にあたり紛争が生ずることを予想

しうる具体的な事情がなければ、民事上の争いがあったといえないとしていますし、和解申立却下決定に対する抗告棄却決定に対する再抗告事件についての大阪高決昭和59年4月23日判例タイムズ535号212頁は、同種の契約においてしばしば紛争の生ずる例があっても、当該事件の具体的事実関係から将来紛争が予想されると認定できなければ、民事上の争いがあるとはいえないとして、和解申立てを却下した原決定を支持しています。また、請求異議控訴事件について、東京地判昭和42年3月6日判例タイムズ208号180頁（判例時報488号68頁）は、民事上の争いには、それまでの事情から推して将来権利実現に不安があると認められる相当の事由があると認められる場合も含まれるが、契約締結にあたりあらかじめ債務名義を得ておくことを目的とした和解の申立ては、民事上の争いを欠くものとして却下すべきであるとしています。Cさん、「民事上の争い」について、少しは理解が深まりましたか？

C事務官 ありがとうございます。「民事上の争い」がなければだめだということはわかりましたが、正直に言わせていただきますと、実際問題としてどこで線引きしたらよいのかよくわからないというのが感想です。

B書記官 私もCさんの感想と同じ思いです。はっきり言って何が「民事上の争い」となるのか判断が難しいと思います。

A裁判官 具体的事案において、どう判断するのか難しいものがあるのは事実ですね。一般にいわれていることは、次のようなことです。

1　権利の存否、内容、範囲についての紛争を解決するものであること
2　権利関係の内容の不確実とか権利実行の不安を解決するものであること
3　和解の申立て当時において将来の紛争発生が予想できるような具体的事実関係が存在するものであること

C事務官 窓口事務としては、申立人から事情を聴いて、「民事上の争い」がないのに公正証書代わりに訴え提起前の和解手続を利用する場合は別として、現在あるいは将来においていくらかでも紛争性が考えられるというのであれば、申立書の受付をすることになるのでしょうね。

A裁判官 そうなりますね。後は担当裁判官の判断ということになります。

ということで、「民事上の争い」についてはここまでにしましょう。

──訴え提起前の和解手続において危惧されている点

A裁判官 それでは、Bさん、実務上、訴え提起前の和解手続において危惧されていることはありますか？

B書記官 実務上注意しなければならないといわれていることは、相手方の白紙委任状を利用しての双方代理や無権代理が行われるおそれがあることやいわゆる替え玉出頭のおそれがあるということです。

A裁判官 そうですね。実際にそのような事例がありましたから、実務の取扱いはその点を慎重に行っていますね。代理人による申立ての場合には、委任状の精査は欠かせません。また、弁護士、認定司法書士でない者が許可代理人として申立てをするのは、代理許可されるかどうか不明ですので相当ではなく、そのような場合には、まず、本人名義で申立てをさせることになりますね。それから、和解期日に、事案によっては、代理人がついている場合でも、合意内容や真意の確認のため本人の出頭を求めることがありますね（民訴規則32条1項）。

──申立書の記載内容

A裁判官 それでは、申立書の記載についてうかがいます。Cさん、申立書にはどのような記載が要求されますか？

C事務官 当事者、請求の趣旨及び原因並びに争いの実情を記載しなければなりません（民訴法275条1項）。もう少し具体的な記載内容については、民訴規則2条1項に規定されていますが、次のような記載です。

① 当事者の氏名又は名称及び住所並びに代理人の氏名及び住所
② 事件の表示
③ 附属書類の表示
④ 年月日
⑤ 裁判所の表示です。

B書記官 それから、「請求の目的の価額」については、法令による記載事項にはなっていませんが、訴訟に移行する場合や認定司法書士が申立代理人

である場合だけでなく、後に認定司法書士が相手方代理人になる場合も考慮して、申立書には「請求の目的の価額」の記載を求めているのが実務の大勢のようです。

A裁判官 そのような理由で、「請求の目的の価額」は記載してもらっていますね。それでは、Bさん、「請求の趣旨」について、実務上はどのような記載がなされてくることが多いですか？

B書記官 「請求の趣旨」は、判決主文と同様の表現で和解を求める内容を記載することになります。例えば、建物収去土地明渡請求の場合には、「相手方は、申立人に対し、別紙物件目録記載1の建物を収去し、同目録記載2の土地を明け渡せとの和解を求める。」というような記載になると思います。しかし、実務上は、「別紙和解条項案記載のとおりの和解を求める。」と記載して、和解条項案を添付する扱いも多くなっているのではないでしょうか。

A裁判官 そうですね。実務上、訴訟に移行することが殆どないという観点から、和解申立書に添付されている和解条項案の中に、「請求の趣旨」に相当する基本的な条項が記載されていれば、Bさんが説明してくれたような「別紙和解条項案記載のとおりの和解を求める。」という記載でも許されるという取扱いがほとんどだと思います。それでは、「争いの実情」はどのような記載になりますか？

B書記官 「争いの実情」は、裁判所が当事者間の争いを解決するために適切な和解を勧告、あっせんをし、必要な和解条項を作成するための広い意味での「請求の原因」にあたる事実の具体的な主張を記載することになります。「請求の原因」と「争いの実情」は、明確に識別されていることを要求されているわけではないので、実務上は、一括して記載されていることが多いようです。

A裁判官 そうですね。「請求の原因」と「争いの実情」が一連の事実として、一括して記載されてくる例が多いですね。そもそも、申立書における「請求の原因」が申立ての特定方法であるのに対して、「争いの実情」というのは、攻撃方法としての請求の原因及び紛争の契機となった事実並びに相手方の主張を指していますが、この記載を求めているのは、裁判所が事案の実

態を知り、和解勧告をするのに便宜だからとされていますし、「請求の原因」と「争いの実情」は、渾然一体となっている場合がほとんどですからね。

——申立書の附属書類

A裁判官 ついでに、申立書の附属書類についてうかがいましょう。Cさん、どのようなものが要求されますか？

C事務官 次のようなものが考えられます（前掲『民事実務講義案Ⅲ〔五訂版〕』169頁）。

① 和解条項案が添付された申立書副本
② 法人が当事者の場合は、商業登記簿謄本などの資格証明書
③ 成年者、被後見人などの訴訟無能力者が当事者の場合は、法定代理権を有することを証明する戸籍謄本又は抄本、審判書謄本等
④ 訴訟代理人による申立ての場合には、特別授権の記載のある委任状（民訴法54条1項、55条2項2号）
⑤ 管轄の合意がある場合には、管轄合意書
⑥ 不動産に関する申立てについては、目的物を特定するための不動産登記簿謄本（3か月以内のもの）又は全部事項証明書、価格算定のための固定資産評価証明書、その他目的物の価格証明書
⑦ 従前の契約を前提にする申立てについては、賃貸借契約書、和解合意書、図面等

A裁判官 ありがとう。附属書類については、通常訴訟と共通すると理解しておいてよいと思います。

——申立書の形式的要件、実質的要件の審査

A裁判官 Bさん、裁判所の申立書の審査はどのような観点から行いますか？

B書記官 まず、申立書の当事者等の記載要件、管轄、手数料などの形式的要件の審査を行い、次に実質的要件の審査に入ります。実質的要件として審査するのは次のような事項です。

① 請求の趣旨及び原因、争いの実情が適正に記載されているか
② 民事上の争いが存在しているか
③ 訴え提起前の和解の対象となり得る事項か
④ 対象となっている事項の内容が、公序良俗違反、権利の濫用、強行法規（利息制限法、貸金業法、借地借家法等）違反、脱法行為等に当たらないか

A裁判官　そうですね。申立書に補正できない不備があるときは申立てを却下し、補正できるものは補正をさせたうえで、和解期日を指定することになりますね。ちなみに、却下決定に対しては、抗告の申立てをすることができます（民訴法328条1項の準用）。

――訴訟係属中の訴え提起前の和解の申立ての可否

A裁判官　それでは訴訟係属中の事件について、訴え提起前の和解の申立てがあった場合は、どのように考えられていますか？

B書記官　申立てはできないという消極説とできるという積極説があるようですね。積極説の場合は問題がないとしても、消極説に立った場合、当事者間に訴訟が係属していることが見過されて訴え提起前の和解が成立して調書に記載されたときは、その成立した和解は無効となるのでしょうか？

A裁判官　質問が跳ね返ってきましたね。Bさんが説明してくれたように、すでに訴訟が係属している場合には、その訴訟内で和解をなすべきであるから、申立てはできないと考える立場と、紛争は可及的迅速に処理されることが望ましいという観点から、和解の道は一つだけに限定する必要はないとして、このような場合でも申立てが認められると考える立場がありますね。しかし、消極説に立った場合でも、当事者間に訴訟が係属していることが見過されて訴え提起前の和解が成立して調書に記載されたときは、その成立した和解は有効であると解されています（前掲『コンメンタール民事訴訟法Ⅴ』348頁以下）。

――申立ての取下げ

A裁判官　Cさん、申立ての取下げはいつでもできますか？

C事務官 和解が成立する前であれば、いつでもできると思います。
A裁判官 取下げに対して相手方の同意が必要になりますか？
C事務官 取下げは相手方の権利を侵害するものではありませんので、同意は必要ないとされています。
A裁判官 そうですね。その点は訴訟と違いますね。Bさん、違いを説明してください。
B書記官 訴訟の場合は、相手方が本案について準備書面を提出し、弁論準備において申述し、又は口頭弁論をした後は同意が必要となります（民訴法261条2項）。その理由は、被告が本案判決を受ける利益を保護するためといわれています。訴え提起前の和解においては、訴訟手続が要求するような相手方の同意は必要ありませんが、相手方に申立書送付後は、取下げた旨の通知をする必要があります（民訴規則162条2項）。
A裁判官 そのとおりですね。

──和解期日の実施

A裁判官 それでは、和解期日の手続に入りましょう。期日は公開の法廷において実施しなければなりませんか？
B書記官 公開の法廷で行うことは要求されておりません。通常は裁判所の和解室において行われています。
A裁判官 和解期日には、当事者からの和解資料と和解条項案の提示と裁判所による和解条項案の当否の検討に入りますが、実務的には、期日前に申立書と和解条項案の精査をし、疑問点についての釈明を行い、あるいは補正や訂正を促していますので、和解期日は当事者に対する和解条項案についての合意確認というのが実務の流れになりますね。

──出頭者の確認

A裁判官 前に替え玉出頭のおそれの点が指摘されましたが、出頭者本人の確認はどのようにして行っていますか？
B書記官 出頭当事者には本人宛の期日呼出状の提出を求め、「出頭カード」に自署してもらい、場合によっては、本人であることが証明できる自動

車運転免許証や健康保険証などの身分証明書を提示してもらっています。

A裁判官 その確認方法は、訴訟においても同じということですね。もちろん、代理人による出頭の場合には代理人の資格を確認する必要がありますね。

──当事者の互譲の必要性の有無

A裁判官 ところで、訴え提起前の和解には和解本来の互譲は必要とされていますか？

B書記官 訴え提起前の和解には互譲は要件とされていないのではないでしょうか。

A裁判官 そうですね。互譲は要件とされていませんね。古い判例になりますが、大判昭和15年6月8日民集19巻13号975頁は、「区裁判所において訴訟防止のためにする和解は実体上の請求権につき当事者双方の互譲あることをもってその成立要件となすものに非ず。」と判示しています。互譲を要件とすると、訴訟予防的機能が十分果たされなくなってしまうからであるといわれているからですね。

──受諾和解と裁定和解の適用？

A裁判官 それでは、民訴法264条の和解条項案の書面による受諾制度（いわゆる受諾和解）や同法265条の裁判所等が定める和解条項の制度（いわゆる裁定和解）は適用されますか？

B書記官 適用はされません。訴え提起前の和解は、通常1回の期日で解決することが予定されていますので、民訴法264条を適用して当事者の出頭の必要性を緩和する要請に乏しいですし、また、民訴法265条は、裁判所と当事者の間に一定の信頼関係が形成された場合に用いられると考えられていますので、訴え提起前の和解に適用することは相当でないとされています（法務省民事局参事官室編『一問一答新民事訴訟法』〔商事法務研究会、1996年〕322頁）。

A裁判官 そうですね。両制度は、和解による解決をしやすくするために設けられたものですから、訴え提起前の和解には適用されないとされていますね。

——和解が不成立となった場合の手続

A裁判官 それでは、Bさん、最後に和解が不成立となった場合の手続を説明してください。

B書記官 和解期日において、当事者双方の意見が食い違うなどにより和解が調わなかったときには、出頭した当事者双方の申立てがあるときは、訴訟手続に移行することになります（民訴法 275 条 2 項）。

A裁判官 Cさんにうかがいましょう。訴訟手続に移行した場合の管轄裁判所はどうなりますか？

C事務官 和解を求めた事項の価額（訴訟物の価額）が、140 万円を超えるものは地方裁判所になりますし、140 万円以下の場合は簡易裁判所になります。簡易裁判所に係属する場合には、当事者双方の申立てがあれば、直ちに口頭弁論に入ることになりますし、地方裁判所に係属する場合には、記録を地方裁判所に送付することになります（前掲『コンメンタール民事訴訟法V』356 頁）。

A裁判官 そうですね。しかし、事物管轄が地方裁判所に属する事件であっても、当事者双方が、簡易裁判所において審理を受けることに合意した場合は、簡易裁判所は直ちに口頭弁論を開かなければならないでしょうし、当事者に特に異論が無くそのまま当該裁判所の審理に応じたときは、その訴えが他の裁判所の専属管轄に属しない限り、応訴管轄の規定の趣旨から、当該簡易裁判所で審理できることになりますね。

——「直ちに訴訟の弁論を命ずる」の趣旨

A裁判官 話は戻りますが、民訴法 275 条 2 項は、「直ちに訴訟の弁論を命ずる」と定めていますがこの「直ちに」はどういう趣旨ですか？

B書記官 「直ちに」とは、時間的に同一期日にという趣旨ではなく、あらためて訴状の提出を要しないというものです。

A裁判官 そのとおりですね。当事者にも訴訟のための準備期間というものが必要になりますから、改めて期日を定めるというのが現実的ですね。最後になりますが、補足させていただきます。訴え提起前の和解は、訴訟係属を

前提としないので、手続の中で和解の有効無効を判断することはできないという理由から、期日指定の申立ては許されないと解されています。そこで、和解の無効を争うには、請求異議の訴えか和解無効の訴えによることになります。また、債務名義のない単に確認するだけの内容の場合には、請求という概念が生じませんので、和解無効の訴えの方法によってのみ争うことができることになります。次のステップとして和解条項について進むことになるのでしょうが、和解条項については、次の第9章で基本から学ぶことにして、訴え提起前の和解手続についてはここまでにしましょう。

第9章 和解条項

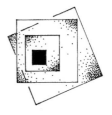

◆この章で学ぶこと
　この和解条項においては、債務名義の意義、和解の性質、和解合意の主体、和解条項の類型や留意点、具体的な条項例等について学習します。和解には、事案によって条項の記載内容が違ってきますし、和解条項と調停条項とは共通点がありますので、和解条項の基礎を学ぶことによって調停条項を学んだということにもなりますので、そのようなことも念頭に置きながら読み進めていきましょう。

A裁判官　これまで、和解手続、訴え提起前の和解手続について学習してきました。今回は、和解の集大成として和解条項についての勉強会になります。ところで、「裁判上の和解」といった場合は、訴え提起前の和解と訴訟係属後の和解を指しますが、「訴訟上の和解」といった場合は、訴訟係属後の和解を指す用語と理解して進めていきましょう。
C事務官　和解条項の調書作成については書記官の専権事項になりますよね。ということは、Bさんの発言の機会が多くなるということになりますね。

──債務名義の意義

C事務官　ところで、窓口で、和解条項に基づく強制執行のことで質問されることがあります。「債務名義となる給付条項がきちんと記載されていれば、強制執行の申立てをすることは可能です。」と説明し、担当書記官にバ

トンタッチしておりますが、「債務名義」という言葉がよくわからないという人もおります。
B書記官　「債務名義」というのは、確定判決などのような強制執行によって実現される私法上の請求権の存在及び範囲を表示した文書であって、法律によりその根拠を与えられたものをいいます。民事執行法22条に、債務名義となるものが挙げられています。債務名義としての特定性に欠けているために強制執行ができない、あるいは登記ができないなどの条項ということになりますと単純ミスということでは片付けられないものがありますので、いつもながら、和解調書の作成には神経を使います。
A裁判官　書記官のご苦労がよくわかります。和解条項は、判決主文にも相当するわけですから、当事者の意図した合意内容が適切に表現されていないと、当事者に予期せぬ不利益を及ぼすことになりますし、裁判所に対する信頼を失わせることにもなりますからね。ところで、訴訟上の和解は、訴訟手続においてなされますが、同時に実体法上の効果を伴いますので、その性格をどのように理解するのかについて争いがありますね。主な見解として、「私法行為説」、「訴訟行為説」、「両行為併存説」、「両行為競合説（両性説）」がありますが、その点については第7章の「和解手続」の「訴訟上の和解の性質」で触れていますので、ここでは省略しましょう。

――和解の合意の主体

A裁判官　それでは、和解における合意の主体を説明してもらいましょう。
B書記官　当然ですが訴訟当事者が主体になります。それから、訴訟当事者以外の第三者を利害関係人として参加させて和解することも可能ですので、その意味で利害関係人も合意の主体になります。補助参加人（民訴法42条）も主体になります。実務上、利害関係人を参加させて和解をするということはよくあることですが、その場合には、利害関係人に出頭してもらうことが必要ですし、調書の「当事者の表示」欄にも利害関係人として記載することになります。

──訴訟代理人として注意すべき点

A裁判官 それでは、訴訟代理人が付いている場合の和解について、訴訟代理人として注意すべき点はありますか？

B書記官 和解における訴訟代理人として注意すべき点は、次のようなことだと思います。

1　第三者の目から見て妥当な和解案であっても、当事者の意に沿わないことがありますので、訴訟代理人としては、当事者の意思に沿わない誤った内容の和解で紛争の解決をしないように当事者本人の意思を十分に確認する必要があります。

2　和解調書は確定判決と同一の効力を有し、その効力は大きいですので、二様に解釈されることのないように、和解条項の表現は明確に記載される必要があります。ですから、代理人が和解条項案を作成するにあたっては、和解条項作成上の一定のルールにしたがって、内容の明確な一義的で簡潔な表現であることに注意することを望まれています。

A裁判官 そういうことになりますね。訴訟代理人が作成してきた和解条項案が必ずしも完璧とはいえず、裁判所が補正や訂正を促すことも少なくありませんからね。

──和解条項となる合意の要件

A裁判官 それでは、和解条項となる合意の要件を説明してもらいましょう。

B書記官 法律行為の一般有効要件を充足することと、当事者の自由処分を許す権利関係に関する合意であることが要件とされています。法律行為の一般有効要件の内容は次のようなものです。

① 合意内容が可能なこと
② 合意内容が確定していること
③ 合意内容が適法なこと
④ 合意内容が社会的妥当性のあること

A裁判官 そうですね。適法・社会的妥当性が要求されますから、違法ある

いは公序良俗に反するような内容の合意はできませんよね。

──和解の対象

A裁判官 それから、弁論主義の適用を受ける事件については、原則として和解の対象になりますが、和解の対象として問題になるといわれているものにどのような形態の訴訟がありますか？

B書記官 和解の対象として制限あるいは留意すべき訴訟として次のようなものがあります（参考・裁判所職員総合研修所『民事実務講義案Ⅰ〔五訂版〕』〔司法協会、2016年〕301頁）。

① 会社の組織に関する訴訟（会社設立無効の訴え、合併無効の訴え、新株発行無効の訴え、株主総会の決議取消の訴え、決議無効の訴え等）
② 執行関係訴訟（請求異議訴訟、配当異議訴訟、取立訴訟等）
③ 境界確定訴訟

A裁判官 和解の対象は、訴訟物である権利又は法律関係ということになりますが、和解のために必要がある場合には、訴訟物以外の法律関係を加えることもできますね。ただし、和解は、実体法上当事者が自由に処分することができる権利関係についてのみ可能ですので、Bさんが説明してくれた以外には、離婚無効の訴えや親子の身分関係存在あるいは不存在確認の訴えなども制限されると解されています。また、境界確定訴訟については、境界は公法上のものであって当事者間で任意に境界を定めることはできないとされていますので、和解による解決は許されないと解されていますね。それから、取立訴訟については、原告である差押債権者は、被差押債権を取立てるだけの権限しかないので、取立目的を超えて債権自体の免除、放棄等を内容とする和解はできないと解されています。

──和解の類型としての効力条項、任意条項

A裁判官 次に和解の類型についてですが、和解条項は、条項が実体法上の効力を有するかどうかによって、効力条項と任意条項に分類されますが、Cさん、効力条項とはどういうものをいいますか？

C事務官 効力条項というのは、権利、義務の確認、発生、変更、消滅、条

件、期限、特約など実体上の効力を有する条項のことをいいます。合意の態様によって、給付条項、確認条項、形成条項に分類されます。それから付款条項、特約条項というものもあります。

A裁判官 そうですね。それ以外に、実務上、清算条項、本件事件に付随する関連事件の処理条項、訴訟費用の負担条項といわれるものもありますね。給付条項、確認条項、形成条項についての解説は必要ないと思いますので、付款条項というものを簡単に説明してください。

C事務官 付款条項というのは、給付、確認、形成の基本条項の合意の効果を特に制限するために付加された条件や期限などの条項をいいます。

A裁判官 そうですね。条件と期限は付款条項の代表的なものですね。条件には、停止条件、解除条件、過怠約款、失権約款、先給付、引替給付、選択権の行為などがあり、期限には、確定期限と不確定期限がありますね。付款条項の記載例については後に触れることにして、特約条項というものはどういうものですか？

B書記官 和解においては、私的自治の原則により、当事者の自由処分に親しむものであれば、強行法規や公序良俗に反しない限り、合意することができますので、強行法規以外の実体法の規範を排斥又は補充したり、あるいは実体法に定めのない事項について当事者が合意した条項を特約条項といいます。

A裁判官 特約条項も含めて、清算条項、関連事件の処理条項、訴訟費用の負担条項などの条項の記載例についても後に触れることにしましょう。和解条項は、効力条項と任意条項に分けられるということでしたが、任意条項というものを簡単に説明してもらいましょう。

B書記官 大きな意味での任意条項といわれるものは、任意条項と道義条項に分類することができます。任意条項というのは、法律上の効力に関係がなく、当事者間の意思を尊重して特に記載する条項で、その記載がなくとも法律上、当然に同様の効果は生じている条項をいい、道義条項というのは、当事者が道義的な責任を認めて、事後の紛争を防止するのに役立てる条項をいいます。

A裁判官 そうですね。道義条項も大きな意味での任意条項になりますね。

和解においては当事者間に道義的合意がなされることがあり、それを和解条項として和解調書に記載することを希望される場合があります。和解条項は、その効力の面からすれば判決主文に比すべきものですから、法律上無意味な条項の記載は避けるべきですが、しかし、他方で当事者がその条項によって満足し、道義的な責任感を抱いて他の条項を履行する基礎ともなり得ます。それに以後の紛争の再発を防止するのに役立つこともありますので、道義条項の効用は大きいものがあります。しかし、道義条項の記載の仕方によっては、効力条項との区別が不明確になりやすいので、和解調書に記載する場合は効力条項と解釈されないように注意する必要がありますね。

——和解ができる時期及び場所

A裁判官 それでは、和解ができる時期についてうかがいましょう。
B書記官 訴訟が係属していれば、どの段階にあるかを問わず、訴状陳述前であっても、また、判決言渡後であっても確定前であれば和解することは可能です。ようするに、和解の合意は、口頭弁論期日、準備手続期日、和解期日、証拠調期日のいずれにおいてもすることができるということになります。
A裁判官 それでは、和解の場所は裁判所内に限られますか？
B書記官 別に裁判所の法廷や和解室での合意に限られません。受訴裁判所の面前であればよく、裁判所の建物の中に限らず、検証場所、所在尋問の場所でもよいことになっています。
A裁判官 そうですね。実務上、不動産等に関する事件について、現地に赴いて和解を実施するということは行われていますね。私も、土地所有権確認請求、建物の建築瑕疵による損害賠償請求、建物（飲食店）明渡請求などの事案で何度か現地和解を試みています。「百聞は一見にしかず」という格言もありますからね。

——和解条項の記載順序

A裁判官 それでは、和解条項の記載順序についてうかがいましょう。
B書記官 和解条項の記載順序は、原則として論理的順序によるとされてい

ます。例えば、権利、義務の存在又は不存在を定めた確認条項、権利、義務の発生・消滅等を定めた形成条項を最初に記載し、次いでその法律効果としての給付条項、そして給付条項の不履行の場合等の付款条項を記載し、最後に清算条項、費用負担の順に記載します（裁判所職員総合研修所『書記官事務を中心とした和解条項に関する実証的研究〔補訂版・和解条項記載例集〕』〔法曹会、2010年〕18頁）。

A裁判官 そうですね。そのような記載が一般的な順序ということになりますね。事案によってはそのような記載順序にとらわれることはありませんが、記載順序が的確でないために、和解条項の内容が不明確になったり、前後の条項が矛盾することになるようなことは避けなければなりませんね。項目の分け方についてはどうですか？

B書記官 わかりやすくするために、例えば、形成条項は契約ごとに、確認条項は確認の対象ごとに、給付条項は給付請求権ごとに別項目にして記載していますが、このような記載が一般的だと思います。そして、このことは特に給付条項について言えると思います。例えば、複数の給付請求権を一つの条項に一括記載してしまうと、そのうちの一つの給付請求権について執行文の付与を求められた場合に、その部分を特定するために執行文に面倒な記載をしなければならなくなってしまいますので、別項目にするのが実務上からも要求されます。

A裁判官 そうですね。当事者サイドからも、各項目別に記載されている方がわかりやすいし、理解しやすいですからね。

──給付条項の留意点

A裁判官 ここから、個別の条項について、検討していきたいと思いますが、給付条項の留意点をあげてください。

B書記官 給付条項の留意点としては次のようなものがあります。

1 「執行当事者の確定」として、誰が誰に対して、その定める給付をなすのか特定しなければなりません。当事者が複数の場合は、「誰が」、「誰に対して」なのか明確にしておかなければなりません。

2 「給付の対象物の特定」として、給付の対象物が特定されていなけれ

ば、債務名義としては無効になり、その結果執行力もないことになります。

3 「給付意思の表現」として、給付をする旨の合意は、執行力を生じさせる重要部分ですから、当事者の給付の意思を明確に表現しなければなりません。給付意思の表現方法については、「支払う。」、「明け渡す。」あるいは「登記手続をする。」などと表現しなければなりません。「支払うこと。」、「明け渡すこと。」などの表現はしないように指導されています。

4 「給付の時期、方法」として、給付の時期の定めがなければ、執行開始の要件を備えないことになりますので、明確に表現しなければなりません。給付の方法についても、明確に記載しないと、当事者の意思にかかわらず民法の規定に従うことになってしまいます。

C事務官 「支払うこと。」ではどうしていけないのですか？

B書記官 「○○こと。」と表現すると、確認条項や形成条項と混同をきたすおそれがあるといわれています。義務の負担についての合意の効力は認められても、給付意思を表現したことにはならないともいわれています。

C事務官 それから、素朴な疑問で申し訳ありませんが、「登記手続をする。」という表現のようですが、「登記をする。」ではいけないのですか？

B書記官 私も同じ疑問を持ったことがありました。答えは簡単です。登記をするのは登記官ですから、和解条項においては、当事者が登記官に対して登記申請という意思表示をするということで、「登記手続をする。」という表現になるようです。

C事務官 そうなんですか。

A裁判官 Bさんに給付条項の留意点を説明してもらいましたが、確認条項や形成条項においても、主体、対象、それから確認意思の表現や形成意思の表現などの明確性が要求されることは、給付条項と変わりありませんね。

──和解条項の具体的記載例1
金銭支払に関する条項例及び留意点

A裁判官 それでは、具体的な条項の文言について検討した方がわかり易い

と思いますので、例を挙げながら進めていきましょう。一番多く登場するのは、金銭支払に関する条項になりますので、その例を示してもらいましょう。

B書記官 原告、被告が単独、貸金請求事案で一括支払の例を示します。

---

1 被告は、原告に対し、本件借受金債務として100万円の支払義務があることを認める。
2 被告は、原告に対し、前項の金員を、平成29年5月31日限り、原告名義の○○銀行△支店の普通預金口座（口座番号123456）に振り込む方法で支払う。ただし、振込手数料は被告の負担とする。
3 原告は、その余の請求を放棄する。
4 原告及び被告は、本件に関し、この和解条項に定めるもののほか、他に債権債務がないことを確認する。
5 訴訟費用は各自の負担とする。

A裁判官 この条項を基本パターンとして考えていきましょう。当事者複数の場合の記載はどのようになりますか？

B書記官 被告が複数で連帯債務を負う場合には、「被告らは、原告に対し、連帯して100万円の支払義務があることを認める。」という記載になります。また「連帯して」という記載ではなく「各自」という記載もされることがあるようですが、「連帯して」と記載するのが実務的な考えのようです（参考・司法研修所編『9訂 民事判決起案の手引』〔法曹会、2001年〕13頁）。原告が複数で不可分債権や連帯債権などの場合には、権利相互の関係を表す表現について議論されていないという理由で、「被告は、原告ら各自に対し、100万円の支払義務があることを認める。」という表現になると思います（参考・塚原朋一編著『事例と解説 民事裁判の主文』〔新日本法規出版、2006年〕52頁）。それから、当然のことですが、原告が複数でも、それぞれが個別の請求権を有する場合には、それぞれの原告ごとに確認条項と給付条項を

第9章 和解条項 131

記載することになります。

A裁判官 「連帯して」というパターンが実務上多く見られるということですね。それでは、分割支払の場合の記載例はどのようになりますか？
B書記官 分割払の基本的な記載は次のようなものになります。

　　被告は、原告に対し、前項の金員を、次のとおり分割して、原告名義の○○銀行△支店の普通預金口座（口座番号123456）に振り込む方法で支払う。ただし、振込手数料は被告の負担とする。
　(1)　平成29年5月から同30年11月まで、毎月25日限り、10万円ずつ
　(2)　平成30年12月25日限り30万円

A裁判官 そうすると、その分割金の支払を怠ったときの問題も発生しますね。その場合の問題を解消するための条項が必要となりますが、どのような記載になりますか？
B書記官 その条項は過怠約款といわれるものですが、債務者が分割金の支払を遅滞したときは、期限の利益を喪失する効果が生じる条項ですので、明確性が要求されます。私の記載例は、次のようなものです。

　　被告が、前項の分割金の支払を怠り、その額が20万円に達したときは、当然に期限の利益を失い、被告は、原告に対し、直ちに第1項の残額及びこれに対する期限の利益を失った日の翌日から支払済みまで年5パーセントの割合による遅延損害金を支払う。

A裁判官 この過怠約款でよく問題にされるのは、過怠の程度についての記載ですね。Bさんは「一定金額に達したとき」という記載方法をしているよ

うですが、他の記載方法もありますか？

B書記官 現在は説明したような記載をしていますが、その前までは「2回以上怠り、かつ、その額が20万円に達したとき」という形での記載をしていました。もちろん、過怠約款の記載については当事者の意思にかかることになりますが、実務的には疑義を残さない形での記載が要求されていますので、「20万円に達したとき」という記載方法によるか「2回以上怠り、かつ、その額が20万円に達したとき」という記載方法のどちらかによっているのが実務の実情だと思います。他に「2回怠ったとき」とか「引続き2回以上怠ったとき」、「支払を怠り、その額が2回分以上に達したとき」などの記載があるようですが、これらの記載は解釈上の疑義が生じる可能性が大きいので、あまり使用されてはいないようです。

C事務官 過怠約款の記載について、書記官の方々が議論しているのをお聞きしたことがありますが、Bさんの説明でなんとなく議論のポイントがわかったような気がします。ところで、支払についてのことですが「振込手数料は被告の負担とする。」という記載のない和解調書を見たことがありますが、特に記載する必要もないのでしょうか？

B書記官 民法485条は、「弁済の費用についての別段の意思表示がないときは、その費用は、債務者の負担とする。」と規定していますので、「振込手数料は被告の負担とする。」という記載がなくとも、特に別段の意思表示がなければ支払をなす被告の負担となります。ですから、特に記載の必要はありませんが、支払金額から振込手数料を差し引いて支払ったという被告がいて、原告から裁判所に苦情が寄せられたということもありましたので、疑義を避けるために記載する扱いの書記官が多いのではないでしょうか。

C事務官 そういうことなのですか。わかりました。ついでに、「原告は、その余の請求を放棄する。」という条項と「原告及び被告は、本件に関し、この和解条項に定めるもののほか、他に債権債務がないことを確認する。」という条項の関係ですが、他に債権債務がないことを確認すれば、原告には債権がないことになりますので、その余の請求を放棄する旨の条項は必要がないような気がしますが。

B書記官 「原告は、その余の請求を放棄する。」という条項は、例えば、

120万円の請求訴訟において、被告が100万円を支払う内容での和解が成立した場合、原告が掲げた請求の内容に達していませんので、その達していない部分についての処理を明らかにするために記載されるものです。つまり、この合意の記載を欠くとその余の請求につき、訴訟が終了していないと解される余地を残すことになります。「原告及び被告は、本件に関し、この和解条項に定めるもののほか、他に債権債務がないことを確認する。」という条項は、清算条項といわれるもので、和解の当事者間に当該和解条項に定めた以外に権利義務関係がないことを確認し、法律関係を明瞭にするための記載になります。つまり、和解成立後に和解の対象となった権利又は法律関係について、債権・債務の存在が発見されたとしても、一切これを不問に付し、紛争を再度蒸し返さないことを合意する条項であるともいわれています。したがって放棄する旨の条項とは性質が違いますので、それぞれの合意がなされた場合には、その両条項を記載することになります（参考・前掲『民事実務講義案Ⅰ〔五訂版〕』342頁）。

　それから、「本件に関し」という記載があれば、本件訴訟物に関する債権債務に限るという趣旨になりますが、その記載がないと、本件訴訟物に限らず、他にも当事者間には債権債務がないことの確認をしたと解されることになりますね。ですから、清算する範囲については、当事者の意思を十分確認する必要があることになります。

C事務官　わかりました。それから、例えば、原告が120万円を請求して、被告が120万円の請求額を認めて分割で支払うという場合も、「原告は、その余の請求を放棄する。」という条項を記載しているようですが、記載は必要なのでしょうか？

B書記官　被告が120万円を分割で支払う場合は、原告が即時全額の支払を請求しているのに対して、分割支払ということで期限を付与していますので、即時払いと分割払いでは差が存在することになります。そのために全額を認めていても分割支払の場合には、「原告は、その余の請求を放棄する。」という条項を記載することになります。

——和解条項の具体的記載例 2
不動産登記に関する条項例

A裁判官 それでは、不動産登記に関する条項もちょっと触れておきましょう。土地の所有権を確認し、売買による所有権移転登記手続をすることに合意した事案を例として、条項例を示してください。

B書記官 条項例は次のようになります。なお、清算条項等は省略させていただきます。

1 　被告は、原告に対し、別紙物件目録記載の土地（以下「本件土地」という。）につき、原告が所有権を有することを確認する。
2 　被告は、原告に対し、本件土地につき、平成29年4月15日売買を原因とする所有権移転登記手続をする。この登記手続費用は、原告の負担とする。

——和解条項の具体的記載例 3
関連事件の処理条項例

A裁判官 この事案で、本件土地の処分禁止の仮処分命令が出ていた場合は、通常どのような記載がなされていますか？

B書記官 関連事件の処理条項ということになりますが、仮処分命令申立の取下げと供託した担保の取消しの記載がなされるのが通常です。

1 　原告は、被告に対する当庁平成29年（ヨ）第20号不動産処分禁止仮処分命令申立事件を取り下げる。
2 　被告は、原告に対し、原告が上記仮処分命令申立事件について供託した担保（○○法務局平成29年度金第100号）の取消しに同意し、そ

第9章 和解条項

> の取消決定に対し抗告しない。

A裁判官 この関連事件の処理条項の処理は忘れないようにしなければなりませんね。それから、ちょっと観点が異なるかも知れませんが、仮執行宣言付支払督促に対する異議申立事件が和解で終了した場合にはどうですか？

B書記官 「原告は、被告に対し、○○簡易裁判所平成29年（ロ）第123号仮執行宣言付支払督促に基づく強制執行はしない。」という条項を記載するかどうかですね？　仮執行宣言後の督促異議訴訟において和解が成立したときは、債務名義となっている仮執行宣言付支払督促は失効しますので（民執法39条1項3号）、理論上そのような条項を記載しなくともよいのでしょうが、仮執行宣言付支払督促と和解調書の二つの債務名義が存在することから、実務上は、仮執行宣言付支払督促に基づく強制執行をさせないことを明確にするための措置として記載していることが多いのではないでしょうか（参考・裁判所職員総合研修所『民事実務講義案Ⅲ〔五訂版〕』〔司法協会、2015年〕160頁）。

A裁判官 ところで、先ほど過怠約款に触れましたが、失権約款というものもありますね。失権約款というのは、債務者が特定の債務を履行しない場合には、現存の契約関係が当然失効し、原状回復義務の効果が生じる条項ということになりますが、その記載例を示してください。

B書記官 例えば未払賃料の支払を怠ったときの記載ですが、次のような記載になります。

> 　被告が、前項の未払賃料の支払を怠り、その額が20万円に達したときは、何らの催告を要せず第1項の賃貸借契約は当然解除となり、被告は、原告に対し、直ちに本件建物を明け渡す。

A裁判官 ありがとう。今回は和解条項についての基本的な仕組みから、具

体的な条項の書き方について勉強してきました。一口に和解条項といっても事案や当事者の意思によって記載内容が違ってきますので、和解を進める際にはよく注意する必要があるということですね。

第2部

民事調停手続

第10章 民事調停手続
第11章 特定調停手続
第12章 調停の付随手続

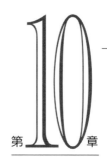

第10章 民事調停手続

◆この章で学ぶこと

　この民事調停手続では、民事調停の歴史、民事調停の特徴や種類、調停手続の流れ、調停の終了事由、調停に代わる決定等について学習します。民事調停は、当事者間の紛争の自主的解決に近い制度といわれております。民事紛争を解決するための代表的な制度としての民事訴訟手続との違い等を念頭に置きながら読み進めていきましょう。

A裁判官　人間が社会生活を営むうえで、多かれ少なかれトラブルが生じることはやむを得ないことですね。そのトラブルを当事者同士で解決できればさほど問題は生じないのでしょうが、現実には解決できない場合が多く、こうした状態をそのままにしておけば、力と力の闘いになってしまうおそれが大きくなります。そこで近代国家は自力救済を禁じて、国家機関（裁判所）による紛争解決の制度を設けたという歴史的経過があります。民事紛争を解決するための代表的な制度としては民事訴訟手続が存在しますが、民事訴訟手続を紛争解決の唯一の公的手段とはせずに、自主的解決に近い制度が考えられ、調停制度もその一環として設けられたものとされています。

──調停法の歴史

A裁判官　我が国の実定法としての調停は、大正11年の借地借家調停法の制定により始まったといわれています。この借地借家調停法の成立により、初めて調停制度が確立されて今日の基礎となり、続いて大正13年に小作調

停法、大正 15 年に商事調停法、昭和 7 年に経済恐慌を打開する一方策として金銭債務臨時調停法が制定され、昭和 14 年に人事調停法、同年に鉱業法の一部改正により鉱害賠償の調停に関する規定が創設されました。このように民事の紛争の調停は、事件の種類に応じ、別の法律に基づいて行われていたのですが、昭和 26 年制定の現民事調停法によって、これまで存在した個々の調停法が統合されて、調停手続が訴訟手続と同等で並立する一般的な民事紛争処理制度として初めて認知されたものといわれています。

──江戸時代の内済(ないさい)と明治時代の勧解(かんかい)

A裁判官　ところで、江戸時代には「内済」という制度があったようですね。この制度というのは、江戸幕府の訴訟手続に関連する調停的・和解的解決制度で、扱人(あつかいにん)と呼ばれる第三者が介在して訴訟当事者をあっせんし和解示談の成立に尽力するというものです。それから、明治時代になり「勧解」というものが制度化されたようです。「勧解」とは、和解を奨励するという意味で、裁判所によって行われた和解のことをいうようです。明治時代、司法制度は充分に近代化されていなかったので、江戸時代に行われていた「内済」の伝統を引き継いで、裁判所は、当事者に対して和解を勧め、和解を勧めることが裁判官の重要な任務であったともいわれています。ところで、「内済」や「勧解」と現在の「調停」との間に理念における繋がりがあるかどうかについては、いろんな考えがあるようですが、小山昇先生は、積極的に考える立場をとっていますね（小山昇『民事調停法〔新版〕』〔有斐閣、1977 年〕8 頁）。調停の歴史を調べてみるのも面白いでしょうね。現民事調停法は、これまで存在した個々の調停法を統合する形で昭和 26 年に制定されました。各論的部分に入る前に、民事調停法の基本構造や理念、手続の流れなどをおさらいしていきましょう。

──民事調停の特徴

C事務官　民事調停は、調停主任（裁判官または民事調停官）と一般人から選ばれた民事調停委員で構成された調停委員会が合意をあっせんし、当事者の話し合いによって紛争の解決を図る手続とされていますが、調停の特徴とい

うものはどういった点にあるのでしょうか？
A裁判官　民事調停の特徴として次のようなものが挙げられています。
1　紛争の実情に即した柔軟で妥当な解決が図れるということ。調停は、双方が納得するまで話し合うことが基本ですし、調停委員会が、当事者の言い分を聴き、必要があれば事実も調べ、法律的な評価をもとに条理に基づいて歩み寄りを促し、当事者も、訴訟ほどには手続が厳格でないため、法律的な制約にとらわれずに自由に言い分を述べ合うことができるので、紛争の実情にあった円満な解決が図れるということがいえます。
2　専門的な知識や社会生活上の豊富な知識経験を持つ人の中から選ばれた調停委員が関与すること
3　訴訟と比較して、手続が簡単で費用も低額ということ
4　調停は非公開ですので、秘密が守られるという特徴があること
5　調停が成立した場合は、合意の内容を記載した調停調書は裁判上の和解と同一の効力を持つこと（民調法16条、なお民訴法267条）
6　訴訟と比較して、全体的な紛争の解決が図れること

B書記官　調停は全体的な紛争の解決が図れることは大きな魅力だと思います。訴訟では、原告が取り上げている権利義務についての判断が示されることになりますので、必ずしも紛争の全面的解決につながるとは限りませんが、調停では、合意に向けて当事者同士が直接話し合うことによって手続が進んでいきますので、単に経済的な利害の調節だけでなく、双方の人間関係を調整するという目的をも同時に達成することができるといわれています。

A裁判官　そうですね。民事の紛争は、必ずしも法的な利害あるいは経済的な利害の対立だけから生じるものではないので、当事者同士の感情的対立が解消されれば、紛争の方も急転直下解決してしまうことも稀ではありませんからね。

C事務官　私も、感覚的に、調停は、「申立の趣旨」に沿った話し合いがなされるのは当然ですが、話し合いの中で、当事者間のわだかまりや誤解などが解消され、「申立の趣旨」の裏の事情なども解決に導くので、国民感情に合った制度なのかな？　と思っています。そういう意味では、近隣紛争な

どは、まさしく調停による解決が最適なような気がします。
B書記官 国民の間にもう少し調停制度を知ってもらう機会があってもいいですね。調停の申立ては、簡単にできるし、調停ならではの特徴を備えているということを知っていただくということは大切なことだと思います。

──民事調停手続の本質

A裁判官 ところで、調停手続の本質については、調停委員会が関与する点を重視する「調停裁判説」と当事者の自由意思による解決を重視する「調停合意（あっせん）説」がありますね。この両説の考えは、今後も深く論議されていくものと思いますが、実務の取扱いとしては、これらの学説の動向を踏まえて、よりよき調停を実践していくことに努力を怠ってはならないことだと思います。なお、調停手続の本質及び調停の機能・存在理由についての詳しい説明については、梶村太市・深沢利一『和解・調停の実務〔補訂版〕』（新日本法規出版、2007年）194頁以下を参照してください。
B書記官 調停のうたい文句は、「事件の適正かつ迅速な処理」ということですが、迅速にばかり気をとられてはいけないのでしょうね。
A裁判官 そうですね。しかし、簡易裁判所においては、調停手続も訴訟手続も一般市民が考えているほど結論を得るのに時間がかかるわけではないことは理解してもらう必要がありますね。ところで、調停の場合は、当事者の話し合いによる解決を目指すものですから、訴訟のような厳格な主張立証責任にとらわれず、簡単に申立てができるという意味で、当事者には馴染みやすい手続であることは確かですね。
C事務官 民事訴訟でいう要件事実によって割り切れない、ドロドロというか、曖昧模糊としたというか、そのような事件や感情的になってしまった事件などは調停向きということになりますね。感情のもつれなどを解いていくことも調停の目的になりますから、早期解決ばかりに目を奪われてはいけないのですね。
B書記官 Cさんの着眼点は的を射ていますね。過去に経験した事案ですが、隣人同士の紛争でした。隣の家の木の枝が伸び過ぎて日陰になり日中でも電気を点けなければならなくなった。大量の落ち葉が自宅の屋根に落ちて

きて雨樋が詰まる被害に度々遭っている。敷地内に落ちてくる落ち葉の量も膨大で毎日の掃除が欠かせない。毛虫が大量に発生し毛虫がベランダに落ちてくるし、庭木の食害にも遭っている。このような理由で損害賠償を請求するという訴訟の申立てがありました。この事案を担当しての感想ですが、この事案は訴訟というより調停による解決が望まれると思いました。

A裁判官　近隣者間の紛争は、権利関係の争いというよりも、人間関係の争いが大きな比重を占めていることがありますので、Bさんの感想は正解なのでしょうね。訴訟では、権利関係は法的に解決できても、人間関係までは解決できないことが多いですので、そのようなことを含めて解決しようとする方法としては、調停が最もふさわしい制度といえると思います。ただし、親族又はこれに準ずる者という一定の身分関係がある者同士の紛争を内容とするものや人間関係調整の余地があるものなど、民事調停と家事調停の管轄が競合するような場合は、受付相談の段階で、必要があれば家庭裁判所の家事相談に行くことを勧めることも考えられますね。民事調停の種類はどのようなものがありますか？

——民事調停の種類

B書記官　民事調停法には次の１から７までの種類の調停が規定されていますが、その他に特定債務等の調整の促進のための特定調停に関する法律（以下「特調法」という。）に基づく８の特定調停があります。

1　民事一般調停（民調法２条）、この調停は次の２から７を除く一切の民事紛争に関する調停です。

2　宅地建物調停（民調法24条）、宅地又は建物の貸借、借賃等の増額請求その他の利用関係の紛争に関する事件を扱います。

3　農事調停（民調法25条）、農地又は農業経営に付随する土地、建物その他の農業用資産の貸借、その他の利用関係の紛争に関する事件を扱います。

4　商事調停（民調法31条）、紛争の内容が商法の適用を受ける事項、例えば、商行為における売掛代金、請負代金、運送代金などの請求や商行為によって生じた各種の損害賠償請求などの事件を扱います。

5　鉱害調停（民調法32条）、鉱業法に定める鉱害の賠償に関する事件を扱います。
6　交通調停（民調法33条の2）、自動車の運行によって人の生命又は身体が害された場合における損害賠償の紛争に関する事件を扱います。交通事故でも、物的損害だけの紛争は民事一般調停に属することになります。
7　公害等調停（民調法33条の3）、事業活動その他の人の活動に伴って生じる相当広範囲にわたる大気の汚染、水質の汚濁、騒音、振動等による人の健康又は生活環境に対する被害、あるいは建築等に伴う日照、通風等の阻害、工事等に伴う騒音、振動、地盤沈下等による生活利益の侵害により生じる被害に係る紛争事件を扱います。
8　特定調停（特調法）

──調停委員

C事務官　調停委員のことになりますが、調停委員の身分関係等を少し詳しく説明していただけませんか？

B書記官　それでは私から。調停委員は非常勤の裁判所職員であって、特別職の国家公務員ということになっていますので、一般的には私たち裁判所職員と同様に国家公務員法の準用を受けることになります。ただ、非常勤ですので、常勤の裁判所職員とはやや異なった取扱いを受けることがあります。その一つは、経済的活動についてですが、私企業からの隔離に関する規定（国家公務員法103条）や他の企業又は事務への関与の制限に関する規定（同法104条）の準用を受けないこととされています。それから、政治的活動についてですが、調停委員には、裁判所の非常勤職員の政治的行為制限の特例に関する規則によって、国家公務員法102条（政治的行為の制限）は適用されないものとされています。ただし、国家公務員は、常勤、非常勤を問わず、地位利用による選挙活動は禁止されています（公職選挙法136条の2）し、調停の場においてその公正さに疑念を持たれるおそれのある政治的行動をとることは厳に慎むべき職務上の義務はあります。例えば、ある政治団体のシンボルマークを付けたまま調停に臨むというような行為は、調停の公正

さを疑わせるおそれがあるといえると思います。調停委員は、弁護士となる資格を有する者、民事紛争の解決に有用な専門的知識経験を有する者で、人格識見の高い年齢40歳以上70歳未満の人から最高裁判所が任命します（調停委員規則1条）。任期は2年となっています（調停委員規則3条）。その他、欠格事由や所属裁判所のこと、旅費、日当等の支給のことなどは調停委員規則に定められています。

——民事調停委員と司法委員との違い

C事務官　調停事件には調停委員、訴訟事件には司法委員が関与しますが、調停委員と司法委員は、身分等の点においてどこが違うのでしょうか？

B書記官　司法委員制度は、調停手続に関与する調停委員と同様に国民の司法参加の一形態と位置づけられています。司法委員の身分は、非常勤の裁判所職員（国家公務員）となりますが、調停委員のように特定の事件を担当しているか否とを問わず常に国家公務員たる身分を有するわけではなく、裁判官から特定の事件の指定を受けることによって、国家公務員としての司法委員の身分を取得し、その事件が終了すると同時に司法委員の身分を失うことになります。ですから、事件指定を受ける前は、「司法委員となるべき者」あるいは「司法委員候補者」となります。それから、調停委員と司法委員の職務についてですが、裁判所による円満な解決のために、その知識や経験、良識を反映させるという点では似ていますが、調停委員は、調停委員会のメンバーとして手続に関与するのに対し、司法委員は、裁判官の補助者的な立場で訴訟手続に関与するという点において両者の違いがあります。なお、司法委員に関しては、民事訴訟法279条及び司法委員規則に定められています。

C事務官　わかりました。それから、民事調停官という制度もありますね？

——民事調停官

A裁判官　民事調停官制度は、民調法の改正（平成15年法128号）によって定められ、平成16年1月からスタートしました。民事調停官の事については、民調法23条の2ないし4まで、及び民調規則27条、民事調停官及び家

事調停官規則に規定されていますが、弁護士で5年以上その職にあった人から最高裁判所が任命すること、任期は2年であること、非常勤であること、調停事件を扱うにあたっては、独立した権限を有することなどが定められています。調停事件に関する権限としては裁判官と同じと理解してください。民事調停官はすべての簡易裁判所に配置されている訳ではなく、現時点では、東京、大阪、名古屋、広島、福岡、仙台、札幌、高松、横浜、さいたま、千葉、京都、神戸、川崎、堺、小倉などの規模の大きな簡易裁判所に配置されています。

C事務官 非常勤ですから毎日勤務しているということではないのですね？
A裁判官 そうです。弁護士という職業が主ですし、ほとんどの民事調停官は週1日勤務というのが実情ではないでしょうか。

——民事調停委員会

C事務官 ところで、調停委員会は、調停主任（裁判官、調停官）と通常2名の調停委員によって構成されますが、調停委員会に与えられている権限はどのようなものがありますか？
A裁判官 まず、調停期日の指定と事件関係人の呼び出し（民調規則7条）がありますね。それから、利害関係人の参加の許可、不許可を決めること（民調法11条）、弁護士、認定司法書士以外の代理人又は補佐人の許可及びその取消（民調規則8条2項、3項）、調停前の措置の決定（民調法12条）などがあり、調停をしない措置（民調法13条）、調停不成立（民調法14条）を決めるのも調停委員会の権限になります。

——調停委員個別の権限

B書記官 調停委員個別の権限はないのでしょうか？
A裁判官 個別の権限といって良いのかどうかわかりませんが、調停委員会から命ぜられた場合の調停委員による事実の調査（民調規則13条1項）がありますね。事実の調査の例としては、現地の実況検分などがありますが、特に、当該事件について専門的な知識経験を備えた調停委員が指定されている場合には、必要資料の収集などの点で事実の調査は大いに活用されていま

す。

──調停手続の流れ

A裁判官 ところで、Bさん、調停の流れについて図示してみてください。
B書記官 簡単な図式は次のとおりになります。

調停の申立て ⇒ 調停委員会の組織 ⇒ 期日指定 ⇒ 期日の実施 ⇒ 事情聴取 ⇒ （事実の調査・証拠調べ） ⇒ 評議・調停案の提示・説得
⇒ ☆合意成立 ⇒ 調停成立
⇒ ★合意不成立 ⇒ 調停打切り ⇒ 訴訟（申立人の訴えによる）

A裁判官 調停の流れの大筋は図式のようになりますが、期日を実施する場合において、特に考慮すべき点はないでしょうか？

──本人出頭の原則

B書記官 調停の場合は、代理人がついていても本人出頭が原則（民調規則8条1項）ですので、本人が出頭できないやむを得ない場合を除き、代理人には本人同行をお願いしているのが実務の実情です。調停は、当事者双方から直接事情を聴取することによって、事件の実情を深く把握することもできるし、当事者の互譲によって紛争の解決を図るという点から、事案にもよりますが、本人の調停出席は不可欠なものと考えられています。
A裁判官 そうですね。調停期日が実施されて、当事者双方の合意がなされて調停成立となれば、調停の目的は達成されたことになるわけですが、ここで、調停の終了事由について軽くおさらいしておきましょう。Cさん、民事調停法上どのような終了事由がありますか？

——調停の終了事由

C事務官 ①調停の成立（民調法16条）、②不成立（民調法14条）、③調停をしない措置（民調法13条）、④調停に代わる決定（民調法17条）、⑤調停条項の裁定（民調法24条の3、31条、33条）、⑥調停申立ての取り下げ、⑦調停申立てを却下する裁判が終了事由として挙げられます。

A裁判官 そうですね。⑦の却下の裁判は、手数料を納めないなどの理由で申立て自体が不適法とされた場合ですが、めったにありませんね。Bさん、②の調停不成立の場合の目安としてどのような事由が考えられますか？

——調停不成立の目安

B書記官 次のような場合が考えられると思います。

1. 当事者双方の主張が根本的に対立し、全く平行線のままでお互いに譲歩の可能性を見いだすことができない場合
2. 当事者間に合意が成立しても、その合意内容が違法又は不相当であって、具体的妥当な解決と認められず、当事者としても再考の余地がない場合
3. 何度も呼出しをするなど出頭確保のための手段を尽くしたにもかかわらず、当事者の一方が調停期日に出頭しない場合。ただし、申立人が不出頭であれば、調停をしない措置として事件を終了させる場合もあるようです。
4. 当事者に調停成立に向けての誠意が認められず、その対応が事件の引き延ばしを図ることを目的として認められる場合
5. 当事者が調停事件と関係のない紛争の同時解決を要求する場合において、その紛争をも調停の対象にすると調停の成立が著しく遅延するおそれがある場合

——調停をしない措置の例

A裁判官 それでは、③の「調停をしない措置」というのは、具体的にはどういう場合が考えられますか？

B書記官 この場合は、「性質上調停に適しない場合」と、「当事者が不当な目的でみだりに調停の申立てをしたと認められる場合」があり、次のような例が考えられます。

1　「性質上調停に適しない場合」の例としては、
(1)　麻雀の賭け金の請求とか裏口入学のあっせんなどの報酬を求める請求などの法令で禁じられ又は公序良俗に反する事柄の請求をする場合
(2)　税金の減額や免除を求める申立てなどのその行為が法律上義務づけられていて性質上当事者が譲り合う余地がないような場合

2　「当事者が不当な目的でみだりに調停の申立てをしたと認められる場合」の例としては、
(1)　自己になんら権利、理由もないのに、不当に他人の法律関係に介入することを目的としてなされた申立て
(2)　自己の義務の履行を不当に回避し、あるいは訴訟の引き延ばしや執行の回避を目的とする申立て

A裁判官　今挙げてくれたような理由で調停をしない措置を行うことは実務上みられることです。調停をしない措置は裁判ではないので、当事者から不服の申立てはできません。また、調停をしない措置がとられたときは、出頭しない当事者に対し、遅滞なく事件が終了した旨を通知することになります。それでは、Cさん、④の「調停に代わる決定」、この決定は実務上17条決定とも言われていますが、これはどういうものですか？

──調停に代わる決定（17条決定）

C事務官　「調停に代わる決定」の要件としては、当事者の合意による調停が成立する見込みがなく、本決定をするのが相当であると認められる場合が要件となっています。つまり、調停委員会の調停において、当事者間の合意が大筋においては一致しますが、部分的に不一致となる場合、調停が不成立に終わることになればかえって将来に紛争を残すことになるので、当事者の合意に代えて、当事者双方のため一切の事情を斟酌して、決定をもって事件の解決を図ろうとする制度です。

A裁判官　調停事件の内容によっては「調停に代わる決定」に馴染む事案と

馴染まない事案がありますが、この決定が多く活用されている事件の類型としては、債務弁済協定、貸金、立替金、求償金、賃料改定等が考えられます。しかし、実務の運用としては必ずしも事件の類型にこだわらずに、むしろ調停の経過、紛争の態様等から決定の当否を判断していると理解してください。決定を出すのは調停主任ということになりますが、調停委員会に意見を求めて（十分に協議をして）、決定を出すのかどうかを判断しているのは当然のことですね。ところで、「調停に代わる決定」を出すことの一応の目安として考えられる場合がありますが、Bさん、どのような場合でしょうか？

──調停に代わる決定の目安

B書記官 決定を考慮すべき目安としては、次のようなことが考えられているようです（裁判所職員総合研究所『民事実務講義案Ⅲ〔五訂版〕』〔司法協会、2015年〕214頁）。

1　当事者が調停案を受諾しない理由が専ら感情的な対立に起因するとみられるとき

2　当事者が大筋で合意に達していながら、わずかな意見の相違で合意が成立しないとき

3　紛争の対象が主として法律解釈及び適用にあって、その判断が決定の形式で示されれば、紛争が解決される可能性があるとき

4　当事者からの提出資料及び事実の調査又は証拠調べによって、紛争の実情が十分に解明されているとき

5　専門家委員の関与あるいは鑑定により、紛争解決の一応の基準が明らかになったとき

6　当事者に対する利害の調整活動や説得が十分に行われ、一方当事者がそれを受け入れているにもかかわらず、他の当事者の頑固な態度等により合意が得られず、このまま不成立にしたのでは、それまでの手続や他の当事者の努力が徒労に帰すと思われるとき

7　後に訴訟が予想される場合に、調停における結論及び理由を決定の形式で明確に示しておいた方がよいと思われるとき

8　貸金、立替金、求償金その他の金銭請求調停事件で、相手方が調停期

日に出頭しないが、書面で分割払等の解決案を提示しているとき

A裁判官 実務の運用としてもそのような理由で「調停に代わる決定」が行われていますね。「調停に代わる決定」に対しては当事者又は利害関係人が、決定の告知を受けた日から2週間以内に異議の申立てをすることができますが、Cさん、異議の申立てがなされたらその後の手続はどうなるのでしょうか？

——調停に代わる決定に対する異議申立後の手続

C事務官 期間内に適法な異議の申立てがなされると、「調停に代わる決定」は失効してしまい、調停手続は終了となります。その場合、申立人が失効の通知を受け取った日から2週間以内に調停の目的となった請求について訴えの提起をしたときは、調停の申立ての時に訴えを提起したものとみなされます（民調法19条）。この関係は、調停不成立後の訴え提起の場合と同じになります。

——調停条項の裁定

A裁判官 そのとおりですね。それでは、調停の終了事由の一つである「調停条項の裁定」という制度についてですが、この制度は、地代家賃増減調停、商事調停、鉱害調停において、当事者間において調停委員会の定める調停条項に服する旨の書面による合意があるときは、申立てにより、調停委員会は、その事件を不成立とせずに調停条項を定めることができるというものです。「裁定制度」は、当事者が第三者の判断に事件の解決を委ねる点では仲裁制度に類似した紛争解決制度ともいえ、その効果等については「調停に代わる決定」と似ています。Bさんに両制度の比較を表にしてもらいましょう。

B書記官 両制度の比較は次の表のようになります。

	裁　定　制　度	調停に代わる決定（17条決定）
対　象	地代家賃増減、商事、鉱害	制限なし
申立て	書面による合意に基づく申立て	職権
主　体	調停委員会	受調停裁判所
手　続	必要的審尋（規則27条の2、34条、35条）	調停委員会の意見の聴取、当事者の言い分の聴取（法17条）
形　式	調停条項を定めて調書に記載	決定書
効　果	調停成立→裁判上の和解と同一（法24条の3第2項、31条、33条）	決定の確定→裁判上の和解と同一（法18条3項）

A裁判官　ありがとう。「裁定制度」は、実務上活用例は少ないようですが、知識として理解しておくことは大切なことだと思います。

――調停調書に瑕疵があった場合の処理

A裁判官　調停は、その成立により調停調書記載事項の内容が即時に確定するものですが、しかし、調書の作成上、判決の更正と同様な、さらには異なった理由から訂正の必要が実際上生ずることはやむを得ないといわれています。それらの方法として、1「更正決定」、2「期日指定の申立て」、3「再調停の申立て」、4「調停無効確認の訴え」、5「請求異議の訴え」が考えられます。それらの具体的な方法はどうなりますか？

B書記官　次のようなことが考えられています。

1. 「更正決定」については、簡単に言えば、調停条項に計算違い、誤記その他これに類する明白な誤りがあるときは、民訴法257条を準用して更正することができるというものです。

2. 「期日指定の申立て」というのは、調停成立後あまり日数を経過しないうちに無効原因が発見された場合に限り、その申立てを認め、その申立てがあれば調停期日を定めて、調停の有効、無効について判断するという方法です。

3. 「再調停の申立て」についてですが、調停成立直後の同一権利義務関係に関する申立ては、調停の利益を欠き許されませんが、調停成立後の日時の経過に従って生じた事情の変化によって同一の権利関係であって

も、紛争内容に変化が生じてくる場合や調停条項の文言に関して解釈に大きな隔たりを生じ得る余地があり、現実に食い違いを生じた場合、あるいは前調停条項によっては紛争の全部が解決しておらず、紛争が実質的には一部未解決である場合には、再調停として審理が許されてよいとされています。

4 「調停無効確認の訴え」は、調停条項の内容で不足、不明、不能、公序良俗違反、代理権のない者のした行為等の欠缺がある場合に調停の効力を争う方法です。

5 「請求異議の訴え」は、調停成立についての合意に、錯誤、詐欺、脅迫等の意思表示の瑕疵があるとき、あるいは調停成立後において調停条項に定められた給付請求権が消滅したことを争うのであれば、民事執行法35条1項の請求異議の方法によるというものです。

──調停無効確認の訴えと請求異議の訴えの管轄

A裁判官 「調停無効確認の訴え」と「請求異議の訴え」の管轄についてはどうなりますか？

B書記官 「調停無効確認の訴え」の管轄は、土地管轄、事物管轄ともに一般事件の管轄に従うことになりますし、「請求異議の訴え」の管轄は、原則として、調停の成立した裁判所の専属管轄になりますが、訴額が140万円を超えるときはその簡易裁判所の所在地を管轄する地方裁判所の管轄になります。

A裁判官 そうですね。調停成立後にその成立を争うという例はないわけではありませんが、調停委員会としては、そのようなことが起こらないように万全を期しているわけですし、特に調停の内容に給付条項がある場合などは、執行力という効果が付与されますので、後日に疑義が生じないように慎重な配慮を行っているというのが実情ですね。それでは、民事調停についての勉強はここまでにしましょう。

C事務官 これまでの勉強で、民事調停制度は、利用する当事者には簡易性、利便性にすぐれた制度だということがわかりました。国民の皆さんにはもう少し気楽な気持ちで調停を利用していただければと思いました。

第11章 特定調停手続

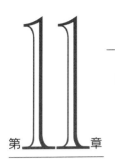

◆この章で学ぶこと
　この特定調停手続においては、個人の債務者が債務を整理するための話合いによる解決の方法としての特定調停の概要や基本構造、申立てに必要な点や提出すべき資料、申立人に関する問題点、手続の段取りと流れ、一括処理のための措置等について学習します。計画弁済型の個人再生手続と財産処分型の破産手続との違いや一般の調停との違い、調停を進めるに当たっての当事者の責務等を念頭に置きながら読み進めていきましょう。

A裁判官　個人の債務者が債務を整理するための裁判所の手続としては、話合いによる解決の方法と法律に定められた手順による債務の整理をする方法がありますね。話合いによる解決の方法というのは特定調停手続ということになります。ちなみに、法律に定められた手順による債務の整理をする方法というのは、計画弁済型の個人再生手続と財産処分型の破産手続です。今回の勉強会は話合いによる解決の方法としての特定調停手続ということになります。

──特定調停手続の概要

A裁判官　繰り返しになりますが、特定調停手続というのは、債務者が債権者と返済額や回数等の返済方法について、話合いにより、経済的な立て直しを図るための手続になります。当事者間に合意が成立しない場合でも、裁判

所は、適切と思われる返済方法等を決定することができます。この決定は「調停に代わる決定」と言われていますね。早速ですが、Bさん、特定調停手続を定めている法律名は？

B書記官 「特定債務等の調整の促進のための特定調停に関する法律」です。ちょっと長い法律名ですね。

A裁判官 確かに長く覚えにくい法律名ですね。一般には単に特定調停法で通用していますね。特定調停法は、平成12年2月17日に施行されています。当時は多重債務者が多く、多重債務関係が大きな社会問題になっていました。そういう社会背景と社会的情勢に鑑みて、支払不能に陥るおそれのある債務者等が負っている金銭債務に関する調整を民事調停手続で行うこととして、債務者等の経済的再生を図るために、民事調停法の特例として定められたものです。

C事務官 平成28年度には特定調停の申立件数がかなり少なくなっているとお聞きしたことがありますが、特定調停法の施行当時は相当申立てが多かったのでしょうね。

A裁判官 そうですね。ここ数年は申立てが激減ですね。受理件数をみてみますと平成15年には53万7071件だったのが、5年後の平成20年には10万2643件となり、さらにその5年後の平成25年には3826件となっています。そして平成27年には3067件となっていますから、この激減には驚かされるものがありますね。

C事務官 どうしてそんなに減ったのでしょうね。もちろん特定調停手続を利用する多重債務者が少なくなったからでしょうが、経済情勢が安定したからとも考えにくいのですが。

A裁判官 その辺のところははっきり言ってよくわかりませんね。特定調停手続を利用する人が少なくなったというのは事実ですし、その背景には経済情勢や社会情勢の変化もあるのでしょうが、それらの分析は専門家にお任せすることにしましょう。

——特定調停の基本構造

A裁判官 それでは、特定調停の基本構造をBさんに述べてもらいましょ

う。

B書記官 特定調停は、特定調停法及び特定調停規則によって民事調停の一分野として認められた制度です（特調法22条、特調規則9条）。ですから、特定調停の基本的な手続の構造や進行は、通常の調停と異なりません。また、特定調停法及び特定調停規則の多くは、特定調停法制定以前に民事調停の実務において行われていた債務弁済協定調停で工夫実践されていた運用を参考にしていると言われていますので、特定調停手続は、債務弁済協定調停事件の処理の延長線上にあるものと考えられています。

C事務官 特定調停は債務者の救済と言われていますが、債権者の立場も考慮されなければなりませんよね。

A裁判官 そうですね。ですから、特定調停手続は、「支払不能に陥るおそれのある債務者等の経済的再生に資すること」と「不良債権の確実な回収」という二つの目的を調整することがその内容ということになりますね。つまり、債権者・債務者間の利害関係を調整する手続ということですから、債権者の立場も考慮して手続が進められることになります。

──特定調停を申立てに必要な点

C事務官 特定調停を申立てるに当たって特に必要な点があるのでしょうか。

A裁判官 特定調停の申立てでは特に次の点が要求されています。
1 申立ての際には、特定調停手続により調停を行うことを求める旨の申述が必要になります（特調法3条1項、2項）。
2 それから、次のような資料の提出について規定されています（特調法3条3項、特調規則1条1項、2項）。
(1) 「申立てと同時に（やむを得ない理由がある場合には、申立ての後遅滞なく）、財産の状況を説明する明細書等の特定債務者であることを示す資料」
(2) 「債権者及び担保権者（関係権利者）の一覧表」
(3) 「申立人が事業を行っているときは、関係権利者との交渉の経過及び申立人の希望する調停条項の概要を明らかにした書面」

(4)　「申立人が法人であるときは、当該申立人の使用人その他の従業者の過半数で組織する労働組合があるときはその労働組合の名称、労働組合がないときは当該申立人の使用人その他の従業者の過半数を代表する者の氏名を明らかにした書面」

C事務官　「特定債務者」という言葉が出てきましたが、どういう債務者を言うのでしょうか？

A裁判官　「特定債務者」というのは、次のいずれかに当たる個人、事業者、法人を言います（特調法2条1項）。
① 　金銭債務を負担していて支払不能に陥るおそれのある個人又は法人
② 　その事業の継続に支障を来すことなく弁済期にある債務を弁済することが困難である事業者
③ 　債務超過に陥るおそれのある法人
④ 　それから、「特定債務者」には、現に支払不能や債務超過が生じている金銭債務者も、解釈上当然含まれるとされています。

C事務官　「支払不能に陥るおそれ」というのは、申立時に存在しなければならないということですね？

A裁判官　もちろん支払不能に陥るおそれは、申立時に存在しなければなりませんし、特定調停手続の終了まで引き続き必要と解されています。

——申立人が提出すべき資料

C事務官　申立時に、申立人が提出すべき資料としてはどのようなものが必要なのか具体的に教えていただけないでしょうか？

A裁判官　特調規則2条1項では、1号に「申立人の資産、負債その他の財産の状況」、2号に「申立人が事業を行っているときは、その事業の内容及び損益、資金繰りその他の事業の状況」、3号に「申立人が個人であるときは、職業、収入その他の生活の状況」を具体的に記載しなければならないと規定していますが、具体的には、個人の場合には、負債に関する契約書、弁済した領収書、給与明細書等、事業者の場合には、直近の決算書、確定（青色）申告書、貸借対照表、損益計算書、資金繰り表等の書類になります。

──事業者の申立てと個人の申立ての相違点

C事務官 事業者も申立てができるということですが、個人の申立てと違う点があるのでしょうか？

A裁判官 基本構造は同じですが、手続面においては、事業者の場合、①関係者との交渉経過、②希望する調停条項の概要を記載した書面の提出の提出が求められています（特調規則1条1項）。それから、事業者の場合一般的に、①債権者の数が多いこと、②債権者の中には、銀行、保証会社、貸金業者、事業の取引先等いろんな業種が混在していること、③大口の債権者と小口の債権者とがいて、その格差が大きいこと、④抵当権等の担保権が複雑になっていること、⑤人的担保として保証人が複数ついていること、⑥債権者を同一基準で調整することが難しいこと、⑦経済的再生の期間が長期化すること、これらのことがあって調停運営の難しさがあると言われています。

──関係権利者の一覧表

C事務官 個人の場合と違って、業者事件の場合は調停委員会の調整も大変ということがなんとなくわかる気がします。ところで、関係権利者の一覧表というのは、具体的にはどういうものなのですか？

B書記官 特調規則2条2項に規定されていますが、関係権利者の氏名、住所、債権等の発生原因及び内容を記載したものになるのではないでしょうか。

A裁判官 そうですね。「関係権利者」というのは、特定債務者に対して財産上の請求権を有する債権者や特定債務者の財産の上に担保権を有する担保権者のことになりますね。

──申立手数料

A裁判官 Bさん、申立手数料についてはどのように取り扱われているか説明してください。

B書記官 実務の取扱いとして、個人申立ての場合は1件500円、事業者申立ての場合は1件5000円としているようですが。

C事務官 調停申立費用については、民訴費用法別表第1の14によれば、調停を求める事項の価格に応じて金額が変わってきますから、一律にはいかないような気がするのですが。

B書記官 その点については、申立書記載の残債務を基準にするのか、残債務不明として扱うのか、あるいは債権者からの計算書に基づく残債務を基準にするのか等のいろんな考えがあるようですが、多くの裁判所では、調停を進めなければ残債務がわかりませんので、個人の申立ての場合は、申立人の受ける利益を最低額の10万円とみなして、これに対応する1件500円とし、事業者の申立ての場合には、1件5000円としているのが実情だと思います。

C事務官 申立人の受ける利益を最低額にみなしているということですね。よくわかりました。

——申立人に関する問題点

C事務官 申立人についてですが、特定調停申立てをしてきた人が無職で無収入だった場合、問題はないのでしょうか？

A裁判官 そうですね。収入がない場合は債権者に対して支払うべき支払原資が確保できませんので、特定調停の目的を果たせなくなるという問題が生じますね。しかし、無職・無収入といってもいろんなケースが考えられますね。就職の見込みが立っている場合もあるでしょうし、親族からの支援が見込まれるとか年金収入が考えられる場合等もあるでしょうから、まず申立人から事情をよく聴く必要がありますね。その結果、収入の道はなく支払原資が確保できない場合には、破産の申立てを勧めたりすることになるのでしょうね。

B書記官 例え収入があったとしても、申立人の総債務額や生活状況からみて、とても特定調停を勧めることができないという場合には、破産の申立てをアドバイスすることもあるようですね。

A裁判官 そうですね。明らかに債務超過に陥っていて、特定調停では申立人の経済的な立て直しが見込まれないという場合には、受付相談の段階から破産手続のアドバイスもあるでしょうし、調停中に支払不能が判明すれば破

産の申立てを勧めることも当然ありますね。

C事務官 繰り返すようですが、破産を勧めることの判断基準のようなものはあるのでしょうか？

A裁判官 統一された判断基準というものはありませんが、実務の運用として、総債務額を5年（60月）で完済できるかどうかというのが一応の基準と考えられているようです。別の言い方をすれば、多くの債権者は、最低でも3年での返済を主張しますので、5年を超える分割案にはなかなか応じてくれないという事情もありますし、また、5年を超えるくらいの長期弁済しなければならないというのは、破産の状況に陥っているとみてもよい状況にあるでしょうから。

B書記官 通常の民事訴訟事件でも同じことが疑問になりますが、生活保護受給者が特定調停の申立てをしている場合、そのまま調停を進めることに問題はないのでしょうか？

A裁判官 確かにそういう問題には直面しますね。生活保護は、生活保護法に基づいて、生活費として支給されるものですから、その支給額から債務の弁済に充てることは法が予定しているとは言えないでしょうね。ですから、特定調停にはそぐわないと言えるかもしれません。しかし、債務者が生活を切り詰めて、その切り詰めた分は債務者が自由に使うことを許してもよいのではないかという考えもないわけではありません。その考えの参考となるのが、最三小判平成16年3月16日判例タイムズ1148号128頁（判例時報1854号25頁）です。この判決要旨は、「生活保護法による保護を受けている者が、同一世帯の構成員である子の高等学校修学の費用に充てることを目的として満期保険金50万円、保険料月額3000円の学資保険に加入し、保護金品及び収入の認定を受けた収入を原資として保険料を支払い、受領した満期保険金が同法の趣旨目的に反する使われ方をしたことがうかがわれないという事情の下においては、上記満期保険金について収入の認定をし、保護の額を減じた保護変更決定処分は、違法である。」というものです。また、「被保護世帯において、最低限の生活を維持しつつ、子弟の高等学校のための費用を蓄える努力をすることは、同法の趣旨目的に反しないというべきである。」ともありますので、生活保護受給者であっても、限度がありますが、

生活の建て直しに資するために必要であれば調停を進めてもよい場合があるというのが私の考えです。

B書記官 生活保護費の多くの部分を支払原資にすることは問題でしょうが、生活を切り詰めて支払うことができる程度の額なら特定調停を進めてもよい場合があるということになりますね。通常訴訟の実務を通しての感想ですが、被告が生活保護を受給しているという事実がわかった段階で訴訟を取下げる原告も多くなっていますね。

A裁判官 確かに、被告が生活保護受給者の場合、被告の立場を考えてくれて訴えを取下げる原告が多いですね。特定調停の場合も債権者が「債務なし」で納得してくれれば調停の意義があったということも言えますね。

C事務官 支払原資を確保するために、申立人の生活水準をどの程度にしたらよいのか難しいものがあるような気がしますが。

A裁判官 その辺のところは難しいものがありますね。申立人の生活水準というものはまちまちですから、調停委員会としても生活水準に深く立ち入ることは極力避けているのが実情ではないでしょうか。よく問題になるのが、賃貸高級マンションに住んでいる場合とか高級自動車に乗っている場合等です。調停委員会の立場としては、転居を勧めたり、車の買い替えや売却を勧めているケースが多いと言えるのでしょうね。その理由は、支払原資を多く確保するためという理由からだけではなく、債権者説得のためにも必要ということにもなるからです。

B書記官 国民平均的な生活よりも贅沢な暮らしをしていて、特定調停を申立てても債権者は納得しないことは目に見えていますね。

──調停手続の段取りと流れ

C事務官 申立てがされてから、調停委員会としてはどのような段取りで調停を進めていくことになるのでしょうか？

A裁判官 一般的な調停の過程は、①総債務額の確定、②支払原資の確定、③弁済計画案の策定、④債権者との交渉、⑤調停事件の終了（調停成立、和解に代わる決定、不成立、取下げ）ということになります。①から③までの作業については、債務者からの事情聴取から始まりますね。その上で債権者と

の調整期日を開くことになります。

A裁判官 ここで、Bさんに、特定調停手続の簡単な流れを図示してもらいましょう。

B書記官 特定調停手続の流れは次のようになります。

申立て ⇒ 調停期日（債務者の事情聴取期日、債権者との調整期日）⇒
　☆（合意に達した場合）⇒ 調停成立 ⇒ 返済
　★（折り合わない場合）⇒ 調停に代わる決定 ⇒ 確定
　　⇒ 返済
⇒ 調停不成立

──事件の一括処理のための措置

A裁判官 それから、特定調停手続で重要なことは、事件の一括処理のための措置ということになります。①同一申立人に係る複数の事件はできる限り併合して行わなければならないという規定（特調法6条）も、②移送等の要件の緩和（特調法4条）も、その表れになっています。つまり、事案に応じて最も適切な裁判所において事件を取り扱うことが望ましいということになりますので、特調法4条、6条の規定が設けられているということになります。それから、④特定調停の結果について利害関係を有する関係権利者が特定調停手続に参加する場合は、調停委員会の許可を受けることは必要ありません（特調法9条）。一般の調停の場合は、調停委員会の許可が必要になります（民調法11条1項）。

──特定調停における調停委員会

C事務官 特定調停を実施するにあたって、調停委員の指定も難しそうですね。

A裁判官 そこで、特定調停法8条は、「事案の性質に応じて必要な法律、

税務、金融、企業の財務、資産の評価等に関する専門的な知識経験を有する者を指定するものとする。」と規定しています。特定調停が、特定債務者の経済的再生に資するとの観点から、公平かつ妥当で経済的合理性を有する内容の合意の形成を目指すという特性を有することから、調停委員にはそのような合意を取りまとめるにふさわしい専門的な知識経験が求められると考えられるからです。

――当事者の責務

B書記官 特定調停を進めるにあたっては当事者の責務というものもありますよね。

A裁判官 特調法10条に「当事者は、債権債務の発生原因及び内容、弁済等による債権又は債務の内容の変更及び担保関係の変更等に関する事実を明らかにしなければならない。」と規定されています。この規定は、特定債務者の資力の状況を把握し、相手方である債権者に対する債務額を確定した上で、特定債務者の支払能力に応じた再建計画案を策定するためには、当事者双方から残債務額等に関する資料を速やかに提出させて、特定調停の手続を迅速かつ的確に進めるためとされています。

――調停委員会による資料等の収集

B書記官 その特定調停の手続を迅速かつ的確に進めるための一環として、調停委員会による資料等の収集も認められていますよね。

A裁判官 そうですね。調停委員会は、特に必要があると認めるときは、当事者又は参加人に対し、事件に関係のある文書又は物件の提出を求めることができますし（特調法12条）。また、官庁、公署その他適当であると認める者に対し、意見を求めることができます（特調法14条1項）し、法人の申立てに係る事件については、労働組合等の意見を求めること（特調法14条2項）とされています。

――特調法14条1項、2項の規定の趣旨

A裁判官 それから、特調法14条1項の規定の趣旨は、特定調停を行うに

際し、当該特定債務者の経済的再生の可能性、債権者譲歩についての経済的合理性等の判断をするためには、広く必要な情報を有すると認められる者の意見を聴くことが必要となるからですし、同条2項の規定の趣旨は、特定債務者である法人の事業の再生には、その従業者の協力が必要不可欠と考えられるからというものですね。

──調停に代わる決定

C事務官 調停に代わる決定（17条決定）をする場合もあるようですが、その基準のようなものがあるのでしょうか？

A裁判官 特に基準というものを置いている裁判所はないと思います。しかし一応の基準的なものとして、調停内容の大筋又は基本的な事項については合意を得られたけれど、最終的な合意を得られなかった場合や、実質的に調停案に合意が得られているのに債権者が調停期日に出頭しない場合等が考えられているようです。

C事務官 調停に代わる決定には異議の申立てができますよね。債権者が異議の申立てをしてきた場合、調停案に同意している債権者の返済関係に影響が生じることにならないでしょうか？

A裁判官 そういう問題は確かにありますね。現在は異議申立てをする債権者は少なくなっていますが、異議申立があった場合には、再度その債権者に対する特定調停の申立てを勧めているケースも多いと理解してください。

──特定調停をしない場合

C事務官 ところで、特調法11条は特定調停をしない場合という規定ですが、具体的にはどのような場合でしょうか？

A裁判官 調停をしない場合の例としては、例えば、申立人に当初から調停を成立させる意思がなく、単に義務の履行の引き延ばしを目的として申し立てられたと認められるときや申立書及び関係書類等により、申立人が特定債務者でないことが明らかであると認められるとき等が考えられますね。

——特定調停を不成立にする場合

C事務官 調停を不成立にする場合の例はどのようなものでしょうか？

A裁判官 調停をしない場合というのは一種の門前払いのようなものですが、調停不成立の場合は、一応内容に対する判断が加わります。例えば、特定債務者の事業、負債の規模等から、強制的な調査によらなければ債務の状況等の事実関係を明らかにすることが期待できないときや、債権者の同意があっても、特定債務者の返済計画案が支払能力を超えていて、現実に履行していくことが困難と認められるときなどが考えられますね。なお、特定調停については、民事一般調停手続によるところが多いので、一般調停の流れを理解していれば問題はないでしょう。

C事務官 特定調停は、多重債務者等の経済的再生という観点や金銭に絡むことから、難しいものと考えていましたが、調停の手続に乗ってしまえばさほどでもないということですね。

A裁判官 そのとおりです。特定調停の申立ては難しくありませんし、特定調停によって経済的再生ができた多重債務者は、全国レベルでみても、かなりの数になるのではないでしょうか。

調停の付随手続

第12章

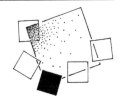

◆この章で学ぶこと
　この民事調停の付随手続においては、調停前の措置の申立ての要件、申立書の記載等、及び民事執行手続の停止の申立ての要件、申立書の記載、民事執行手続の停止における一般の民事調停と特定調停との相違点等について学習します。調停前の措置と民事執行手続の停止はどういうものなのか？　なぜ認められているのか？　このような疑問を持ちながら読み進めていきましょう。

A裁判官　調停当事者は、調停手続中であっても、調停の目的物を処分することが禁止されていません。ですから、調停手続中に、当事者の一方が調停の目的物を処分し、調停の成立を事前に妨害するおそれがないわけではありません。そのような場合には、どのように対処したらよいのかという問題に直面することになります。調停の目的物が処分されてしまったのでは、調停の機能が果たせなくなってしまいますし、調停をする意味もなくなってしまう可能性もあります。そこで、民事調停における紛争解決機能を十分に発揮させるために制度化されたのが、「調停前の措置」（民調法12条、特調法22条）と「民事執行手続の停止」（民調規則5条、特調法7条）ということになります。今回はその二つの制度の勉強会となります。

——調停前の措置

A裁判官　最初に「調停前の措置」から入りたいと思います。早速ですが、

Bさん、「調停前の措置」とはどのような制度ですか？

B書記官 調停委員会（又は裁判官）は、調停のために特に必要があると認めるときは、当事者の申立てにより、調停の成否が確定するまでの間、相手方その他の事件の関係人に対し、調停内容の実現を不能又は著しく困難にする行為の排除を命ずることができるという制度です。

A裁判官 そうですね。調停の成否確定までその行為を禁止することによって、紛争解決のための基盤を保全して、各当事者が公平な立場で合理的な判断に基づいて合意が成立させることができるように定められた制度ということですね。それでは、Cさんに、民調法12条1項を読んでもらいましょう。

C事務官 「調停委員会は、調停のために特に必要があると認めるときは、当事者の申立により、調停前の措置として、相手方その他の事件の関係人に対して、現状の変更又は物の処分の禁止その他調停の内容たる事項の実現を不能にし又は著しく困難ならしめる行為の排除を命ずることができる。」

A裁判官 ありがとう。この「調停前の措置」は、特調法には規定がありません。しかし、特調法22条で「特定調停については、この法律に定めるもののほか、民事調停法の定めるところによる。」と規定していますので、実務では、特定調停においても認められていると解して申立てを認めていますね。

──措置を命ずる機関等

A裁判官 それでは、措置を命ずる機関はどこになりますか？

B書記官 当該調停事件を担当する調停委員会になりますが、調停委員会が成立する前の段階であれば受調停裁判所が、裁判官の単独調停の場合は裁判官が措置命令の機関になるのではないでしょうか。

A裁判官 そのとおりですね。それでは、措置命令の申立てには申立手数料は必要でしょうか？

B書記官 申立手数料は必要とはなっていません。

A裁判官 それでは、申立てに担保の提供が必要でしょうか？

B書記官 担保の提供については明文の規定がありませんし、担保の提供をさせないのが実務の扱いではないでしょうか。

A裁判官 そうですね。担保の提供は必要ありませんね。

——調停前の措置の要件

A裁判官 それでは、調停前の措置の要件について伺いましょう。どのような点が要件となっていますか？

B書記官 調停前の措置の要件として、手続的要件と実体的要件が考えられます。

 1　手続的要件
(1)　調停前であること
 調停申立後で終了前であることを意味します。つまり、調停継続中にということになります。
(2)　当事者の申立てであること
 当事者の申立てがあることが要件ですから職権で命ずることはできません。申立人は、当事者の一方であって、対象者は、調停事件の他方の当事者又は参加人になります。
 2　実体的要件
(1)　調停のために
 調停の成立を容易、可能にするためにという意味になります。
(2)　特に必要と認めるとき
 調停成立のために是非とも必要であるということを意味します。

A裁判官 ありがとう。以上の要件を備えていなければ、調停前の措置は発令されないということになりますね。調停のために特に必要か否かについては、申立人の利益と相手方の被る損害を比較し、総合的に判断することになりますね。それから、当事者と参加人については措置命令の効力が及びますが、利害関係人には及びませんので、利害関係人を手続に参加させる手続をとれば、措置命令の実効性は高まるといえます。

——措置命令申立書の申立ての趣旨の記載例

A裁判官 措置命令申立書には、「調停前の措置」を必要とする理由やいかなる措置が妥当であるかについて判断の資料となる事実関係を記載すること

になりますね。それから、疎明する資料の添付も必要になります。ここで、理解を深めるために、Ｂさんに「申立ての趣旨」の記載例を示してもらいましょう。

Ｂ書記官　建物収去土地明渡調停事件の場合の例にしますが、「申立ての趣旨」の記載例は次のようになります。

> 　相手方は、○○簡易裁判所平成29年（ユ）第1000号建物収去土地明渡調停事件の終了に至るまで相手方が現に占有している別紙物件目録１記載の土地上に存する同目録２記載の建物につき、譲渡・賃貸・その他一切の処分をしてはならず、また、占有移転その他一切の処分をしてはならない。

Ａ裁判官　ありがとう。措置命令の決定の主文もこのような「申立ての趣旨」に則ったものになりますね。

──措置命令申立ての審理

Ａ裁判官　措置命令申立てを認容するか却下するかの審理についてですが、申立人からの事情聴取や関係人の審尋は必要でしょうか？

Ｂ書記官　法文上は規定がありませんので、必要的ではないと思います。しかし、実務の運用として、申立人に疎明資料の提出や補充説明のために面接を求めることも行っていますし、必要があれば、事実調査や関係人の審尋も行う場合もあるようです。

Ａ裁判官　そうですね。申立人に疎明資料の提出や補充説明としての面接を求め、必要があれば、事実調査や関係者の審尋をすることもありますね。それらの結果に基づき、調停成立の見通し、措置内容が当事者に与える利益と損失の比較衡量、緊急性等の事情を総合的に判断して、申立てを認容するか却下するかを決めることになります。

——措置命令に対する不服申立ての可否と過料の制裁

C事務官 措置命令が発せられた場合、相手方は不服の申立てができるのでしょうか？

A裁判官 調停前の措置命令はいわゆる裁判ではありませんので、裁判に対するような不服の申立ての道は開かれておりません。その理由は、調停前の措置命令には執行力がないことと対応していると考えられているようです。調停前の措置命令には執行力がありませんので（民調法12条2項）、相手方やその他の事件関係人が措置命令に違反した場合にも執行法上の救済方法はありません。

C事務官 相手方やその他の事件関係人が措置命令を守らなかった場合はどうなるのでしょうか？

A裁判官 民調法35条を読んでみてください。

C事務官 「当事者又は参加人が正当な事由がなく、第12条（第15条において準用する場合を含む。）の規定による措置に従わないときは、裁判所は、10万円以下の過料に処する。」

A裁判官 読んでもらったように、措置命令は、過料の制裁規定により間接的に強制されるということになりますね。もちろん、措置命令を守らなかった当事者に関して調停の内容が不利に働く場合もあるでしょうし、あるいは調停が不調になり訴訟として係属した場合にも守らなかった当事者に対して大きな影響を及ぼすことにもなる可能性大でしょうね。

——特定調停における調停前の措置の決定例

A裁判官 ここで、参考のために、比較的多く申し立てられている特定調停における調停前の措置命令の例をみてみましょう。

```
              調 停 前 の 措 置
○○県○○市△町1－2－3
       申 立 人 A
○○県○○市□町4－5－6
       被 申 立 人 B

  申立人を申立人、被申立人を相手方とする、上記調停事件について、申立
人は調停前の措置を申立てた。当裁判所は、上記調停のため特に必要がある
ものと認め、特定債務等の調整の促進のための特定調停に関する法律22条、
民事調停法12条に基づき次のとおり命ずる。
              主     文
  被申立人は、上記調停事件の終了に至るまで、別紙小切手目録記載の小切
手について、小切手金の取り立て又は裏書譲渡その他一切の処分をしてはな
らない。
    平成29年4月20日
       ○○簡易裁判所
                  （以下省略）
```

──民調法12条1項の条文の意味とその具体例

C事務官 順不同になって申し訳ありませんが、民調法12条1項に「現状の変更又は物の処分の禁止その他調停の内容たる事項の実現を不能にし又は著しく困難ならしめる行為の排除を命ずる」とありますが、具体例を示していただければ理解しやすいのですが。

A裁判官 「不能にし」というのは、例えば、動産の引渡しを求める調停事件において、措置対象者が当該不動産を毀滅することなどですし、「著しく困難ならしめる行為」というのは、例えば、建物明渡調停事件において、措置対象者が当該建物の一部を第三者に転貸することなどです。それから、「行為の排除」というのは、不作為処分だけではなく、作為処分も含まれます。また、措置対象者の権利行使の暫定的阻止又は義務の一時的不履行を命ずることもできます。しかし、民事執行手続については、この措置で停止を命ずることはできませんので、次に進む「民事執行手続の停止」によること

になります。それでは、「調停前の措置」については、ここまでにしましょう。Cさんの理解は深まったでしょうか？

C事務官 「調停前の措置」についてなんとなく難しい手続のように感じていましたが、あまり難しい手続ではありませんし、簡単に言えば、当該調停事件が終了するまでは現状を変更しない手続ということなのですね。よくわかりました。

——民事執行手続の停止の概要

A裁判官 それでは、次に「民事執行手続の停止」に入りましょう。Bさん、「民事執行手続の停止」の概要を述べてください。

B書記官 事件を調停によって解決することが相当であると認められる場合、調停の成立を不能にし又は著しく困難にするおそれがあるときは、申立てにより、担保を立てさせて、調停事件が終了するまでの間、民事執行手続の一時停止を命ずることです。

A裁判官 そうですね。特定調停にも「民事執行手続の停止」は認められていますが、特定調停の場合には、「調停の円滑な進行を妨げるおそれがあるとき」ということが付加されていますし、無担保の停止も認められていますね。

——民事執行手続の停止は、調停制度と民事執行制度との調和を図る目的

A裁判官 「民事執行手続の停止」について補足しますと、調停手続による紛争解決の実効性を確保するため、調停事件の係属する裁判所に調停事件の終了まで執行手続を停止する権限を与えましたが、他方において、この制度の濫用を防止し、債権者らの利益が不当に損なわれないようにするため停止の要件を定め、さらに、停止された民事執行手続の迅速な再開を図るため調停事件の係属する裁判所に執行手続の続行を命じる権限を与えて、調停制度と民事執行制度との調和を図ったとされています。

──民事執行手続の停止における一般の民事調停と特定調停との相違点

A裁判官　「民事執行手続の停止」はどのようなものかについては条文にあたることも重要ですので、Cさんに民調規則5条1項を読んでもらいましょう。

C事務官　「調停事件の係属する裁判所は、紛争の実情により事件を調停によって解決することが相当である場合において、調停の成立を不能にし又は著しく困難にするおそれがあるときは、申立てにより、担保を立てさせて、調停が終了するまで調停の目的となった権利に関する民事執行の手続を停止することを命ずることができる。ただし、裁判及び調書その他裁判所において作成する書面の記載に基づく民事執行の手続については、この限りでない。」

A裁判官　次に、Bさん、特調法7条を読んでください。

B書記官　「特定調停に係る事件の係属する裁判所は、事件を特定調停によって解決することが相当であると認める場合において特定調停の成立を不能にし若しくは著しく困難にするおそれがあるとき又は特定調停の円滑な進行を妨げるおそれがあるときは、申立てにより、特定調停が終了するまでの間、担保を立てさせて、又は立てさせないで、特定調停の目的となった権利に関する民事執行の手続の停止することを命ずることができる。ただし、給料、賃金、賞与、退職手当並びにこれらの性質を有する給与に係る債権に基づく民事執行の手続については、この限りでない。」

A裁判官　二つの条文を読んでもらいました。さらりと読んでしまうと同じことが書いてあるのではと思ってしまいますが、よく条文を対照して内容を確認してみますと、一般の民事調停と特定調停とに相違点があるのがわかるものと思います。先ほどBさんに概要を述べてもらったときに補足説明した部分もありますが、特定調停においては、一般の民事調停と比べて3点ほど執行停止制度が拡充されているということです。

── 一般の民事調停における民事執行手続の停止

A裁判官 その相違点を知るためには、一般の民事調停の民事執行手続の停止の要件を把握しておく必要がありますね。その要件は次のとおりになります。

① 「紛争の実情により事件を調停により解決することが相当であること」
② 「調停の目的となった権利につき民事執行手続が行われていることが調停の成立を不能にし又は著しく困難にするおそれがあること」
③ 「民事執行手続の基本となった債務名義が裁判所において作成されたものでないこと」

C事務官 ①の「紛争の実情により事件を調停により解決することが相当であること」というのは、特定調停においても、同様ということになりますね。

A裁判官 そのとおりですね。ところで、特定調停において拡充された3点についてですが、次のような説明がされています(参考・特定調停法研究会『一問一答特定調停法』〔商事法務研究会、2000年〕63頁以下)。

1　一般調停においては、申立人は必要的に担保を提供しなければなりませんが、特定調停においては、担保の提供がなくても停止する余地を認めています。
2　一般調停においては、停止の要件が「紛争の実情により事件を調停により解決することが相当である場合において、調停の成立を不能にし又は著しく困難にするおそれがあるとき」とされていますが、特定調停においては、それに加え、「特定調停の円滑な進行を妨げるおそれがあるとき」にも執行停止をすることができるとされています。
3　一般調停の場合には、「裁判及び調書その他裁判所において作成する書面の記載に基づく民事執行の手続」は執行停止の対象外とされていますが、特定調停の場合は停止の対象とされています。

──特定調停における民事執行手続の停止

C事務官 特定調停において3点が拡充された理由はどこにあるのでしょう

か？

A裁判官 先に説明したように、特調法7条の規定は、担保を立てさせて、又は担保を立てさせないで、裁判所等の債務名義に基づく強制執行手続も停止の対象として、救済手段を講じている点において一般の調停における民事執行停止の制度の拡充を図ったものですが、特定債務者について、調停による互譲によってその経済的再生に資するための債権債務の調整が期待できるにもかかわらず、債権者による民事執行手続が進行し、特定債務者の財産が売却されるなどして、その経済的基盤が破壊されることになれば、特定調停の成立やその履行の可能性が失われてしまうために定められたというのがその理由になります。ただし、生活の基盤となっている給与債権等の保護に万全を期するために、給与、賃金、賞与、退職手当、退職年金等に係る債権については除かれています。

C事務官 具体的には、どのような場合に、特定調停における「民事執行手続の停止」がなされるのでしょうか？

A裁判官 例えば、特定債務者の生活に欠くことのできない自宅や事業に欠くことのできない重要な土地建物について、債権者がことさら調停を有利に進めようとして差押えをした場合や、民事執行手続開始後に特定調停の申立てがされ、差押債権者も民事執行手続の取下げはしないものの調停の手続には応じてもよいという意向を有している場合には、そのままにしておくと民事執行手続が進行し、物件が売却されるなどしてしまうことになるので民事執行手続の停止をすることが考えられます。

――当事者

A裁判官 それでは、Bさんに、「民事執行手続の停止」の当事者について説明してもらいましょう。

B書記官 申立人は、当該調停事件の当事者であって、かつ、民事執行手続の主債務者、連帯保証人、物上保証人等の受動的当事者であるということになります。参加人も含まれますが、調停に参加していない利害関係人は含まれません。被申立人は、当該調停事件の当事者であって、かつ、民事執行手続の債権者、担保権者等の能動的当事者となります。

──申立ての時期

A裁判官 それでは、申立ての時期について伺いましょう。

B書記官 調停の係属中ということになります。つまり、調停の申立てから調停終了までであればいつでも申立てができます。しかし、民事執行手続が終了した場合は申立ての利益がないことになります。

──申立書の記載事項

A裁判官 申立書の記載事項はどのようなものになりますか？

B書記官 申立書には「申立ての趣旨」と「申立ての理由」を記載しなければなりません。具体的には、「申立ての趣旨」には停止決定の主文の内容が記載され、「申立ての理由」には、停止の対象となる民事執行手続の基礎となっている債権、担保権の内容、その担保権の被担保債権、執行手続の進行状況、執行停止の要件及び必要性、特定調停を前提とする執行停止の場合には、更に、関係権利者の意向、調停が成立する見込み等が記載されることになります。

A裁判官 そうですね。補足しますと、「申立ての理由」に関しては、一般の調停も特定調停も同じ記載になりますが、特定調停については、特定調停手続規則3条1項で明確に規定されていますね。

　　1号　「当該民事執行の手続の基礎となっている債権又は担保権の内容」
　　2号　「前号の担保権によって担保される債権の内容」
　　3号　「当該民事執行の手続の進行状況」
　　4号　「特定債務等の調整に関する関係権利者の意向」
　　5号　「調停が成立する見込み」

以上の事項を明らかにして、その証拠書類を提出しなければならないということになります。

──提出すべき証拠書類

A裁判官 それでは、その提出すべき証拠書類はどのようなものになりますか？

B書記官 通常考えられる書類は次のようなものです。
① 公正証書に基づく不動産執行については、公正証書謄本、競売開始決定正本、期間入札等の通知書
② 公正証書に基づく動産執行については、公正証書謄本、差押調書謄本、売却期日通知書、事件併合通知書
③ 公正証書に基づく債権執行については、公正証書謄本、債権差押命令正本
④ 担保権実行としての競売については、設定契約書写し、不動産登記簿謄本、競売開始決定正本、期間入札等の通知書
⑤ 調停によって解決することが相当であることに関する書面として、弁済方法及び自己資金についての債務者からの上申書、債務者が第三者から融資を受けられる事実(又は不動産執行の対象物件売却の事実)についての第三者作成の書面又は債務者作成の報告書

A裁判官 一般調停の場合はそのような書面になりますね。特定調停の場合は、そのほかに次のようなものが必要になります。
① 関係権利者の意向及び調停成立の見込みに関する債務者作成の陳述書
② 裁判及び調書その他裁判所において作成する書面に基づく民事執行手続を対象とする執行停止については、債務名義となるこれらの書面

——民事執行手続の停止の申立ての趣旨の記載例

A裁判官 それでは、まとめとして、一般の民事調停の「民事執行手続の停止」の申立ての趣旨の記載例を示してもらいましょう。

B書記官 債務弁済調停事件を例にしますと、次のようなものになります。

　被申立人から申立人に対する△△法務局所属公証人甲野乙雄作成平成29年第1000号公正証書の執行力ある正本に基づく別紙物件目録記載の物件についてなした強制執行は、御庁平成29年(ノ)第2000号債務弁済調停事件が終了するまで、これを停止する。

——担保を立てさせる理由

A裁判官 一般の民事調停において執行停止決定をするには、担保を立てさせることが必要ですね。それはどのような理由からでしょうか？

B書記官 その理由は、執行手続によって相手方が被ることが予想される有形無形の損害賠償請求権を担保するためだからです。

A裁判官 そうですね。申立人が裁判所の定めた担保額を提供期間内に提供すると、裁判所は、改めて、その時点で執行停止決定をするかどうかを判断することになりますね。

——決定に対する即時抗告

A裁判官 執行停止及び執行続行の決定に対して即時抗告はできるでしょうか？

B書記官 民調規則5条5項には、「第1項及び第2項の規定による決定に対しては、当事者は、即時抗告をすることができる。」と規定していますので、即時抗告はできます。

A裁判官 なお、即時抗告がなされても、民事執行の停止又は執行続行の効力はそのまま存続しますね。

——民事執行停止の手続

C事務官 民事執行停止の決定が出た場合、それによって執行手続が停止することになるのでしょうか？

A裁判官 決定が出ても当然執行が停止となるわけではありません。執行手続の停止決定は告知によって効力を生じますが、これによって民事執行手続は当然には停止せず、民執法183条1項6号又は7号の書面として、停止決定正本を申立人が執行機関に提出することにより、執行手続が停止されることになります。

——民事執行手続の停止の問題点

B書記官 「民事執行手続の停止」の申立ての悪用が問題になる場合がある

ということを耳にしたことがありますが。

A裁判官 確かにそのおそれはありますね。「民事執行手続の停止」の制度は、もともと法律上正当な債権者の権利行使である執行手続を、調停による妥当な解決という目的達成のために、一時中止させるものですが、執行手続の引き延ばしや執行回避の目的に利用される危険性が大きいといえます。ですから、「民事執行手続の停止」の運用には慎重を期し、濫用を防止する必要があります。

C事務官 具体的にはどのような悪用ですか？

A裁判官 例えば、調停の申立てをすると同時に明らかに競売手続の引き延ばしを図る目的で停止決定を求めてくる場合などがあります。競売ブローカー等は、競売手続が停止されている間にいろいろ画策する余地が出てくるということになりますよね。また、もし競売手続きが停止された場合には、最高価買受申出人にも執行裁判所の手続にも大きな影響があることになりますので、慎重な判断が求められます。さて、調停の付随手続としての「調停前の措置」と「民事執行手続の停止」の勉強はここまでにしましょう。

C事務官 ありがとうございました。一般の民事調停や特定調停における「調停前の措置」と「民事執行手続の停止」も、調停を円滑に進めるためには大事な規定なのですね。当事者が申し立てるに当たっての手続もそんなに難しくはないということはわかりましたが、判断する側の裁判所が大変という感想を持ちました。

第3部

刑事略式手続

第13章　略式手続総論
第14章　略式手続各論

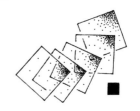

第13章 略式手続総論

> ◆この章で学ぶこと
> この略式手続総論では、略式手続の総論部分として、略式手続の特徴や利点、略式命令の請求機関、対象事件と科刑の制限基準、略式命令の前提条件、略式不能・不相当の場合等について学習します。刑事事件の多くは略式手続きによって処理されているのが実情です。そういう意味で国民に身近な刑事手続ということになりますので、ここで総論的知識を得た上で各論部分に読み進めていきましょう。

A裁判官 今回は、刑事関係の略式手続についての勉強ということになります。裁判所に係属する刑事事件の中で略式命令の占める割合は非常に高く、刑事事件に携わる警察や検察庁、裁判所の職員だけが知識を持てば良いというわけではなく、一市民としてもある程度の知識は必要ですね。それでは、早速ですが、略式手続というのは、端的に言ってどういう手続でしょうか？

B書記官 略式手続というのは、簡易裁判所が、その管轄事件につき、公判手続を経ないで、検察官の提出した証拠を審査して、一定額の罰金又は科料を科する簡易な刑事手続です。

──略式手続の合憲性

A裁判官 そうですね。略式手続は、ドイツの「科刑命令」（Strafbefehl）に由来する手続で、わが国では、大正2年「刑事略式手続法」によって導入されたといわれています（参考・河上和雄ほか編『大コンメンタール刑事訴訟法

〔第二版〕第10巻』〔青林書院、2013年〕227頁）。ところで、略式手続については、憲法37条（刑事被告人の諸権利）、38条3項（自白の証拠能力）、82条（裁判の公開）との関係で合憲性が争われたことがありました。その点について、最大決昭和23年7月29日刑集2巻9号1115頁は、合憲であるという判断をしました。参考のために、要旨を読んでみてください。

C事務官　「被告人が略式命令を受けたときは、謄本の送達があった日から7日内に正式裁判の請求をして通常の規定に従い審判を求めることができ、この場合においては裁判所は略式命令に拘束されるのではなく、又正式裁判の請求により判決をしたときは略式命令はその効力を失うものである。それ故略式命令手続は罰金又は科料のごとき財産刑に限りこれを科する公判前の簡易訴訟手続であって、生命又は自由に対する刑罰を科する場合の手続ではない。そして、通常の手続における罰金以下の刑に該る事件については被告人は特に裁判所の出頭命令がない限り自ら公判に出頭することを要するものではないから、右のごとき財産刑を科する公判前の手続についても被告人をして公判に出頭する労力、費用を省き且つ世間に対する被告人の思惑をも考慮して特別手続を定めても、通常の公判手続に比し訴訟法上必ずしも被告人の利益を害する不当のものということはできない。しかのみならず略式命令の請求は前述のごとく裁判所を拘束するものではなく、又その命令は被告人の迅速な公開裁判を求める権利を何ら阻止するものでもないから、毫も憲法に違反するものではない。」

A裁判官　ありがとう。この最高裁の決定要旨を読めば、略式手続の概要や意義も理解できることになりますね。

——略式手続の特徴及び利点

A裁判官　略式手続については、刑訴法の第6編の461条から470条まで規定されていますが、まず、461条を読んでもらいましょう。

C事務官　「簡易裁判所は、検察官の請求により、その管轄に属する事件について、公判前、略式命令で、100万円以下の罰金又は科料を科することができる。この場合には、刑の執行猶予をし、没収を科し、その他付随の処分をすることができる。」

A裁判官 この条文を踏まえたうえで、Bさんに、略式手続の特徴を挙げてもらいましょう。

B書記官 略式手続の特徴は、次のようなものです（参考・前掲『大コンメンタール刑事訴訟法〔第二版〕第 10 巻』240 頁以下）。

1　略式手続は、口頭弁論を経ないで行われます。当事者主義、口頭主義及び公開主義の例外手続ということになります。
2　略式手続は、簡易裁判所が、主として検察官から提出された証拠を審査して略式命令を発します。当事者による攻撃・防御を中心とした審理を前提とする当事者主義の例外といえます。
3　略式命令で科することができる刑は、100 万円以下の罰金又は科料に限られます。本来、科刑手続は、人の重要な法益をはく奪するものですので、憲法の適正手続の保障から、公判手続によるべきです。したがって、略式手続の場合には、被告人の事前の承諾と事件の軽微性・罪証の明白性に照らして、刑罰も軽微なものに限られています。
4　略式手続は、検察官の請求により、簡易裁判所が、公判前、非公開の書面審理により、検察官が提出する証拠書類や証拠物を審査して略式命令を発するものですので、適正手続の保障との関連で、被告人の権利保護のために考慮されなければならない点もあります。

A裁判官 次に、先に読んでもらった最高裁昭和 23 年 7 月 29 日の決定でも触れられていますが、略式手続の持つ利点を整理してもらいましょう。

B書記官 略式手続の利点として考えられるのは、次のような点です（参考・裁判所職員総合研修所『略式手続〔7 訂補訂版〕』〔司法協会、2010 年〕3 頁）。

1　通常の公判手続に比べて、手続が簡単かつ迅速であること
2　犯罪事実について争いがなく、科刑の点にも異存のない被告人は、公判の審理にさらされない簡易な処罰手続を望む心理を持っていること
3　訴訟関係人及び裁判機関の時間・労力・費用の節減等、訴訟経済の面で著しい長所を持つこと

A裁判官 そうですね。略式手続はそのような利点や便宜性から実務上重要な機能を果たしているものといえますね。

——略式命令請求の新受件数等

A裁判官 ここで、略式命令請求の新受件数をみてみたいと思います。平成27年度の司法統計ですが、全国の略式命令請求の新受件数は、27万5994件となっています。罪名別の新受人員をみてみますと、道路交通法違反事件が18万0151人、業務上過失致死、過失運転致死、過失運転致傷等の合計の業過（重過）等事件が4万8007人、自動車の保管場所の確保等に関する法律違反事件が2697人、公務執行妨害事件が724人、窃盗事件が6798人、その他の刑法犯事件が1万3332人、その他の特別法犯事件が2万4285人となっています。1件数名という事件がありますので、新受件数と新受人員は同じ数ではないということはおわかりですね。

C事務官 略式事件の刑事の訴訟事件に占める割合はどのくらいなのでしょうか？

A裁判官 これも平成27年度の統計ですが、簡易裁判所の訴訟事件数は28万3815件で、略式事件は27万5994件ですので、略式事件の占める割合は約97パーセントになります。

C事務官 略式事件の占める割合はそんなに多いのですか。驚きました。その中でも、道路交通法違反事件がダントツに多いようですね。また、公務執行妨害事件が意外と多いのに驚きました。

A裁判官 その他の特別法犯事件には、様々な法律違反がありますが、廃棄物の投棄や焼却などの行為を行ったとして、「廃棄物の処理及び清掃に関する法律違反」で、痴漢や盗撮などの行為を行ったとして、各都道府県のいわゆる「迷惑防止条例違反」で略式命令が請求されてくる事件もありますね。それから、特別法犯事件には地域差も感じます。例えば、海に近い簡易裁判所では、船舶検査証書等を受有しない船舶の航行などで「船舶安全法違反」や禁止漁具の使用や採捕禁止水産物の採捕などでの「漁業調整規則違反」で略式命令が請求されてきますし、山に恵まれた地域の簡易裁判所には、狩猟鳥獣以外の鳥獣の捕獲などで「鳥獣の保護及び狩猟の適正化に関する法律違反」で請求されてきたりしますからね。略式命令の対象となっている罪名は、結構多くて、刑法犯、条例違反などを含めて200を超えています。

B書記官 あまり馴染みのない法律違反でも、略式命令が請求されてくることがあるということですね。
A裁判官 そのような時には、その法律を一から学ぶような気持で調べることになります。

――略式手続の流れ

A裁判官 それでは、ここで簡単に略式手続の流れを把握しておきましょう。Bさんに実務上の流れを説明していただきましょう。
B書記官 略式命令の請求をされる前は被疑者、請求後は被告人という表現で流れを説明します。

① 在宅又は身柄付きで司法警察員から検察官への事件送致（刑訴法246条、242条）⇒
② 検察庁における被疑者の取調（刑訴法198条）⇒
③ 検察官による略式手続の説明及び被疑者の申述（刑訴法461条の2）⇒
④ 略式命令の請求（刑訴法462条）。この場合は、公訴の提起と同時に書面で請求することになりますので、起訴状の文言は、「下記被告事件につき公訴を提起し、略式命令を請求する。」となります。⇒
⑤ 裁判所による略式命令発付又は略式不能・不相当（刑訴法463条）⇒ ｜略式命令を受けた者又は検察官による正式裁判請求（刑訴法465条）｜
⑥ 略式命令の確定（刑訴法470条）

――略式命令の請求機関

A裁判官 それでは、略式命令の請求機関はどこになるのでしょうか？
C事務官 略式手続の管轄は簡易裁判所に属しますので（刑訴法461条）、請求機関となるのは、当該簡易裁判所に対応する区検察庁の検察官だと思います。
B書記官 略式命令の請求は、区検察庁の検察官が行うことになっていますが、実務上、検察官ばかりでなく、検察事務官からもなされてきていますよね。

A裁判官 確かに、検察事務官からも請求されてきますね。つまり、区検察庁の検察官の事務取扱を命ぜられた検察事務官ということになります（検察庁法36条）。それから、地方検察庁所属の検察官であっても、検事正の指定する検察官は、区検察庁の略式命令の請求ができます（検察庁法13条2項）。この場合の請求書の官職氏名は、「○○区検察庁検察官事務取扱検察事務官甲野太郎」、あるいは「○○区検察庁検察官事務取扱検事乙野次郎」という記載になります。

――略式命令の対象事件と科刑の制限基準

A裁判官 それでは、Bさん、略式手続の対象となる事件を復習の意味で整理してみてください。

B書記官 対象事件とされるのは、裁判所法33条に規定されている「罰金以下の刑に当たる罪、選択刑として罰金が定められている罪」です。法定刑が100万円を超える罰金の定めのある事件であっても、宣告刑が「100万円以下の罰金」であれば対象になります。

A裁判官 1通の起訴状で数個の犯罪事実について略式命令の請求がなされてくる場合がありますが、100万円という科刑の制限は何を標準として決すべきかという問題がありますね。この場合の標準については、「起訴状標準説」、「公訴事実標準説」、「裁判標準説」があるようですが、Bさん、説明してください。

B書記官 「起訴状標準説」によれば、起訴状ごとに定められますので、起訴状に数個の公訴事実があっても、法定の制限額を超える金額の罰金を科すことはできません。「公訴事実標準説」によれば、公訴事実ごとに法定の制限額の範囲内で処断することができることになります。「裁判標準説」によれば、刑法45条前段の併合罪であれば、各公訴事実を通じて法定制限額を超えることは許されませんが、併合罪でない場合は、裁判（主文）を要する数に応じて、それぞれ法定の制限額の範囲内で処断できることになります。つまり、「起訴状標準説」では、1通の起訴状について［100万円以下］、「公訴事実標準説」では、［100万円×公訴事実の数］ということになりますし、「裁判標準説」では、併合罪でない場合について、［100万円×主文の

第13章　略式手続総論

数〕ということになります。結論としては、「裁判標準説」が妥当と考えられているようです（前掲『大コンメンタール刑事訴訟法〔第二版〕第10巻』245頁、前掲『略式手続〔7訂補訂版〕』11頁）。

A裁判官 実務的な観点から考えても、併合罪でない数罪又は刑法48条2項（罰金の併科等）の規定を適用しない罪については、公訴事実ごとにその制限に服するとされる「裁判標準説」が妥当なのでしょうね。

C事務官 そうしますと、「裁判標準説」によれば、例えば、「被告人を公訴事実第1の罪について罰金60万円に、公訴事実第2の罪について罰金50万円に処する。」というように、合計100万円を超えてもかまわないということですね。

A裁判官 そういうことになりますね。しかし、実際問題として、複数の公訴事実が存在するような起訴状が果たして略式手続に馴染むのかどうかという問題もありますね。

──略式命令請求のための前提条件

A裁判官 略式命令の請求についてですが、請求をするための前提条件がありますね。それは、検察官による被疑者に対する説明と、通常の規定による審判ができる旨の告知、略式手続によることについての異議がないかどうかを確かめなければならないということです。そして、被疑者は略式手続によることについて異議がないときは、書面でその旨を明らかにしなければなりませんね（刑訴法461条の2）。

C事務官 検察官による被疑者に対する説明はどのような内容なのでしょうか？

A裁判官 略式手続を理解させるために説明すべき事項は、次のようなものです（前掲『略式手続〔7訂補訂版〕』13頁）。

① 公訴事実及び罰条の内容
② 略式命令は、書面による裁判であって、公開されないこと
③ 略式手続は、100万円以下の罰金又は科料に処すべき場合についてのみ行われること
④ 略式命令に対しては正式裁判請求の途が開かれており、請求があれ

ば、略式命令になんら拘束されることなく、通常の手続に従って審判が行われること

B書記官 検察官からそのような説明がされて、略式手続によることに同意していても、略式命令の告知を受けるのと同時に正式裁判の請求をする被告人もいますよね。

A裁判官 Bさんのいう被告人は、略式命令の告知を受けるのと同時ということですから「在庁略式」の場合だと思いますが、「在宅略式」でも正式裁判の請求はありますね。ある庁に勤務していたときに、正式裁判の請求が続いたので、担当検察官が十分に略式手続についての説明をしているのだろうかという疑問を持ったことがありました。被告人が納得しないままでの略式命令の請求は問題ですからね。

──在宅略式と在庁略式の違い等

C事務官 「在宅略式」とか「在庁略式」という言葉が出ましたが、その違いを教えていただけないでしょうか。

A裁判官 略式命令が請求された段階で被告人となりますが、説明をわかりやすくするために被告人で統一します。「在宅略式」と「在庁略式」の違いは、被告人の身柄がどういう状態に置かれているかによる区別です。「在宅略式」は「通常略式」ともいわれていますが、被告人は身柄が拘束されておらず在宅のまま、検察官が裁判所に略式命令を請求してくるというものです。「在庁略式」は「待命付略式命令」ともいわれていますが、被告人を検察庁に在庁させておいて、裁判所に略式命令を請求してくるというものです。「在庁略式」には、その態様によって「逮捕中在庁略式」、「勾留中在庁略式」、「呼出在庁略式」があります。

C事務官 「呼出在庁略式」というのはどういうものですか？

A裁判官 「呼出在庁略式」というのは、被告人が検察庁に呼び出されて調べられた後に裁判所に移動し、被告人が裁判所の庁舎内にいる状態で略式命令が請求されてくるというものです。この手続は、住居を転々としている場合、近々管轄区域外へ転居予定の場合、長期海外へ行く予定の場合など、略式命令の送達が困難な者や在庁させた状態で起訴しないと土地管轄がなくな

ってしまう被告人に対して主に行われ、即日、仮納付付き略式命令を得て罰金等の徴収まで済ますというものです。

——三者即日処理方式

B書記官　道路交通法違反で実施されている「三者即日処理方式」というのも略式手続の一種ですよね。

A裁判官　そうですね。「三者即日処理方式」というのは、道路交通法違反事件の場合に、違反者が出頭した日時・場所（裁判所）で、警察の取調、検察庁の取調を受け、裁判所に略式命令の請求がなされてきて、裁判所の審査、略式命令発付、検察庁に罰金の仮納付まで行うという手続が一連の流れとして、事件を即日処理する方式です。警察、検察庁、裁判所が一堂に会しますので、「三者」といわれています。比較的、定型的かつ多数発生する交通違反事件を迅速・的確・能率的に処理し、併せて違反者に対し、時間的・労力的負担の軽減を図ることを目的とした制度といわれています。罰金の仮納付までなされますので、検察庁からは会計担当の人も来ていますね。

B書記官　高校時代の同級生が自動車のスピード違反で捕まり、裁判所に呼ばれて罰金を納めさせられたと嘆いていました。これなどはまさに「三者即日処理方式」で略式命令が発せられたということですよね。

——反則行為の反則金と非反則行為の罰金

A裁判官　その同級生の方は、一般道路なら30キロ以上、高速道路なら40キロ以上の速度超過をしたということなのでしょうね。速度超過でもそれ以下なら反則切符で反則金を納付することで済むのでしょうが、スピードの出し過ぎだと非反則行為となり、罰金を科せられることになりますからね。ちなみに、高速道路での35キロ以上40キロ未満の普通車の速度超過の反則金は3万5000円、一般道路での25キロ以上30キロ未満の普通車の速度超過の反則金は1万8000円になりますが（道路交通法施行令別表第6）、非反則行為の場合の罰金額は高額になりますし、速度超過が大きければ、公判請求され懲役刑を求刑されることもありますから、スピードの出し過ぎに注意しなければなりませんね。

C事務官 私の知っている人ですが、下り坂で自然にスピードが出る道路に白バイが待ち構えていたため、スピード違反で捕まり、「こんな所で網を張ってるなんて！」という気持が収まらず、むしゃくしゃして運転していたらまた捕まってしまった。と自虐混じりに愚痴っていました。それを聞いた別の知人が「むしゃくしゃして運転して事故ってしまったら大変なことになっていたから、反則切符程度のスピード違反で良かったのよ。」という慰め方をしていました。非反則行為となるスピード違反だった場合は、裁判所に呼ばれて、「三者即日処理方式」で罰金を納付しなければならなかったですからね。

——氏名が冒用された場合の略式命令の効力

A裁判官 ここで問題ですが、「三者即日処理方式」で他人の氏名を冒用して交付を受けた略式命令の効力は、冒用者、被冒用者のどちらに及ぶのでしょうか？

B書記官 冒用者は、被冒用者本人と偽って出頭して行動しているわけですね。しかし、「三者即日処理方式」では即日罰金を仮納付しているわけですから、行動説あるいは挙動説を根拠に冒用者に及ぶと考えられなくもないですね。

C事務官 でも、冒用者に効力が及ぶとしても、被冒用者の前科として記録されることになりますね。どちらに及ぶとしても、被冒用者からすれば、自分の知らないところで前科がついてしまうわけですからたまったものではありませんね。

A裁判官 この問題の解答になりますが、冒用者、被冒用者のどちらに効力が及ぶのかの点についての最三小決昭和50年5月30日判例タイムズ323号136号があります。事案の概要は、無免許で酒気帯び運転をした被告人が、警察官の取締りを受けた際、かねて拾得所持していた知人の運転免許証を示して知人になりすまして無免許運転の罪の追及を免れ、酒気帯び運転の罪だけで罰金2万円に処するとの略式命令を受けて罰金を納付しました。しかし、その後に無免許であることが発覚し、改めて無免許運転で起訴されたため、先に発せられた酒気帯び運転の罪についての略式命令の効力が、後に起

訴された無免許運転の罪に及んでいるかどうかが問題となった事案です。

C事務官　やはり、冒用者に及ぶとされたのでしょうか？

A裁判官　結論は、「他人の氏名を冒用して交付を受けた略式命令が冒用者に効力を生じない。」というものです。最高裁判所判例解説刑事篇昭和50年度106頁に詳しく解説されていますので、興味があったら読んでみてください。そこには決定要旨として、「いわゆる三者即日処理方式による略式手続において、甲が乙の氏名を冒用し、捜査機関に対し被疑者として行動し、かつ、裁判所で被告人として乙名義の略式命令の謄本の交付を受けて即日罰金を仮納付するなどの事実があったからといって、右略式命令の効力が冒用者である甲に生じたものとすることはできない。」と記載されています。

C事務官　なぜこのような問題になったのでしょうか？

A裁判官　弁護人の上告趣意書における主張を読んでもらえばわかりやすいと思いますので、その部分を読んでみてください。

C事務官　「本件無免許運転の罪と観念的競合の関係にある酒気帯び運転の罪についての略式命令の名宛人は、氏名の被冒用者ではなく、氏名を冒用した本件被告人であると認めるべきであるから、酒気帯び運転の罪については、既に本件被告人に対する確定裁判が存在していたこととなり、右無免許運転の罪は刑訴法337条1号の確定裁判を経たときにあたり、したがって本件無免許運転の事実については被告人を免訴すべきものである。しかるに、原判決が、本件無免許運転の罪は刑訴法337条1号にあたらないとして右事実につき有罪の言渡しをした一審判決を是認したことは、一事不再理を保障した憲法39条に違反する。」

A裁判官　ありがとう。「通常略式」に関しては、前掲「判例解説」の「補説」の中で、「一般に、甲が乙の氏名を冒用して起訴され、乙を被告人とする略式命令が発せられてそれが乙に送達された場合（いわゆる通常略式の場合）には、被冒用者である乙が被告人であると解するのが通説である。」と解説しています。ところで、「逮捕中在庁略式」の場合には、「三者即日処理方式」や「通常略式」と違って、冒用者に効力が及ぶと考えられています。参考のために、大阪高決昭和52年3月17日判例タイムズ363号330頁（判例時報850号13頁）を、今度はBさんに読んでもらいましょう。

B書記官　「逮捕中待命方式において、「逮捕」された被逮捕者が実在の他人の氏名を冒用し、起訴状に被冒用者名義であるが「逮捕中待命」と表示されて逮捕中の略式命令請求の起訴をされたときは、特段の事由のない限り、起訴における被告人は被冒用者ではなくて冒用者である被逮捕者であり、この者が被告人として被冒用者名義の略式命令の謄本の交付を受けたときは、原則として略式命令の効力は冒用者である被逮捕者に生ずるものと解するのが相当である。」

A裁判官　この決定の中で「逮捕中待命方式による略式手続の場合は、三者即日処理方式の場合と異なり」と述べていますので、先の最高裁決定を踏まえたうえでの決定と理解できますね。

——逮捕中、勾留中在庁略式の場合の身柄関係について

C事務官　ついでにお聞きしたいのですが、「逮捕中在庁略式」、「勾留中在庁略式」というのは、被告人は身柄が拘束されているわけですね。略式命令の請求があった場合、身柄の関係はどうなるのでしょうか？

A裁判官　踏み込んだ質問ですね。まず、逮捕中の場合ですが、即日、略式命令が発付し告知された場合には、それによって逮捕状は失効するものと解されていますし、当日、略式命令を発付しないときは、刑訴法280条2項によって処理すべきであるといわれています（最高裁判所事務総局『逮捕・勾留に関する解釈と運用』〔司法協会、1995年〕75頁）。勾留中の場合は、起訴後の勾留として効力がありますので（刑訴法60条2項）、当日、略式命令を発付しないでも身柄の心配はありませんが、身柄を拘束しておく必要がない場合は、検察官の意見を聴いて、勾留を取り消すことになるのでしょうね（刑訴法92条2項、87条）。

C事務官　すみません。刑訴法280条2項によって処理するというのは、具体的にどのような処理をいうのでしょうか？

A裁判官　刑訴法280条2項は、裁判官による勾留に関する処分の規定ですが、逮捕中の被疑者がまだ勾留されていない状態で、その者に対する公訴の提起がなされてきた場合には、速やかに勾留の手続をして、勾留状を発するか、発しないときは、直ちに釈放を命じなければならないというものです。

つまり、当日、略式命令を発付しない場合は、勾留状を発付するか、釈放を命ずるかしなければならないということになります。

C事務官 勾留中の場合には、公訴の提起があった日から2か月勾留の期間があるということですね。

A裁判官 そういうことになりますね。略式命令の請求も公訴の提起になりますからね。

——略式不能、略式不相当事件

A裁判官 ここで、略式不能と略式不相当ということに一応触れておきましょう。略式不能というのは略式命令をする法的要件を欠いているとき、略式不相当というのは略式命令によることが相当でないと認められる場合をいいますね。詳しくは各論編に譲りますが、このような場合は、通常の規定に従い、公判手続による審理を行うことになるということです。

C事務官 略式不能・不相当や正式裁判請求の事案は多くあるのでしょうか？

A裁判官 正式裁判請求と略式不能・不相当を比べた場合、正式裁判請求の方が多いのではないでしょうか。司法統計上、平成27年度の統計数字ですが、略式不能・不相当とされた件数は55件、正式裁判請求は374件となっています。略式事件の新受件数27万5994件ですから、略式不能・不相当、正式裁判請求を合わせても新受件数の約0.15％ですので、かなり少ないと言えますね。

C事務官 そうすると、略式命令で請求されてきた事案のほとんどは確定して終了となるということですね。

A裁判官 司法統計の数字が示していることからもそのようにいえますね。私の経験上、要件が具備しないために略式不能とすべき事案に当たったことはありませんが、略式不相当としたことは数件あります。公訴事実について、慎重に審理すべきものと思料されたので、略式手続で処理するのは不相当と判断した事案がほとんどです。

──略式不相当事件の公判を担当すべき裁判官

C事務官 話が飛んで申し訳ありませんが、略式不相当とした場合、公判手続を担当する裁判官は別の裁判官ということになるのでしょうが、1人しかいない裁判所の場合、どうなるのでしょうか？

A裁判官 よい質問ですね。1人しか裁判官がいない裁判所は多くありますからね。この関係については、最一小判昭和28年2月19日集刑74号119頁があります。参考のため、その要旨を読んでください。

C事務官 「ただ1人の裁判官が配属せられ、かつ、その裁判官が簡易裁判所裁判官と地方裁判所支部裁判官とを兼任している場合、裁判官が簡易裁判所に略式命令の請求があった事件につき、これを略式命令不相当として通常公判手続に移し2回の公判審理とこれに伴う証拠調べをしたうえ、地方裁判所において審判するのが相当だとしてさらに地方裁判所支部に移送し、自ら審理判決をしたとしても、その一事をもって憲法37条1項のいわゆる公平な裁判所の裁判でないということはできない。」

A裁判官 ということで、現在は、1人しかいない裁判所においては、略式不相当とした裁判官がその事件の公判を担当することは可能であるということになりますし、そのように実務は取り扱っていますね。それでは、ここまでで、略式手続の総論部分を終了したことにして、次は各論部分として、略式手続の内容等について勉強することにしましょう。

第14章 略式手続各論

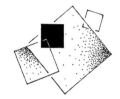

◆この章で学ぶこと

　この略式手続各論においては、総論部分を踏まえて、略式手続の各論として、略式命令請求のための前提条件から略式命令の発付まで、及び略式不相当、正式裁判の請求等、略式手続の流れについて学習します。略式手続の実務はどのような流れで事務処理されているのか等に疑問を持ちながら読み進めていきましょう。

A裁判官　前回は、略式手続の総論的な部分について勉強しました。今回は、各論部分について勉強ですね。

──略式命令請求の方式

A裁判官　早速ですが、略式命令の請求の方式から入りましょう。Bさん、検察庁は裁判所に対して、どのようにして請求してきますか？

B書記官　略式命令の請求は、公訴の提起と同時に書面でしなければなりません（刑訴法462条2項）。刑訴法256条1項により、公訴の提起は、起訴状の提出が必要になりますが、略式命令の請求も書面の提出が必要になります。

A裁判官　そうですね。公訴の提起と略式命令の請求は別個の訴訟行為となるのでしょうが、実務の観点から補足しますと、「下記被告事件につき公訴を提起し、略式命令を請求する。」と一通の書面でなされてきますね。

C事務官　略式命令請求書の記載は、刑訴法256条や刑訴規則164条に定め

る起訴状の記載によると理解してよいのでしょうか？

A裁判官 同一と理解してください。標題は、「起訴状」となります。

C事務官 刑訴法256条、刑訴規則164条によれば、起訴状に記載を要する事項は次のようになりますね。

① 被告人の氏名、その他被告人を特定するに足りる事項、被告人の年齢、職業、住居及び本籍（年齢、職業、住居、本籍が明らかでないときはその旨）、被告人が法人のときは、事務所並びに代表者又は管理人の氏名及び住居

② 被告人が逮捕又は勾留されているときは、その旨

③ 公訴事実

④ 罪名及び罰条

A裁判官 裁判所に起訴状が提出されるわけですが、刑訴法256条5項では、「数個の訴因及び罰条は、予備的に又は択一的にこれを記載することができる。」となっています。しかし、略式手続は簡易性と迅速性がその本質的なものですから、訴因を予備的・択一的に記載しなければならないような事件は、略式手続に適当かどうか疑問がもたれることになるのでしょうね。

——検察官の科刑意見書について

C事務官 略式命令の請求と同時に「科刑意見書」というものも提出されてきますが、法律上要求されているのでしょうか？

A裁判官 科刑意見というのは、例えば「罰金50万円」などと被告人に対する処断刑についての検察官の具体的な意見をいいます。法律上要求されているわけではありませんが、かならず検察官の「科刑意見書」が提出されてきます。科刑意見については、裁判官に予断を抱かせる内容を有するものであり、これを許す法令の根拠もないと争われたことがありました。この点について、大阪高判昭和28年6月22日判特28号40頁は、「科刑意見の附記は正当であって少しの違法もない。」としています。理由も気になるところですので、参考となる部分を読んでもらいましょう。

C事務官 「略式命令の請求は被疑者が略式手続によることについて異議がないときに限り、簡易裁判所に対しその管轄に属する事件につき公判手続を

省略して略式命令で罰金又は科料に処せられたき旨の公訴に附帯する検察官の請求を指すのである。従って刑事訴訟法が刑罰法令の適正な適用実現にある以上検察官が法律の適用について略式命令請求書に意見を記載することは当然の責務であると言わねばならない。しかして、刑罰法令は刑罰の種類及び分量を抽象的に規定しているにすぎないのであるから公判手続を省略して略式手続でその具体的な適用実現を請求する検察官は具体的刑罰の種類及び分量に関する意見をも右請求書に記載するのが当然であって、かかる意見即ち科刑意見が法律の適用についての意見である。裁判所は毫も右略式命令の請求に拘束せられないし、被告人も自由に正式裁判の請求をすることができるのである。」

A裁判官 ありがとう。それから、正式裁判請求による審判手続において、起訴状に添えて検察官の科刑意見書並びに略式命令原本が出されることは審判手続が違法となるかどうかが争われた事案について、東京高判昭和29年6月17日判例タイムズ41号43頁は、「略式命令書並びに科刑意見書が審判前に顕出されたとて、裁判官に予断を抱かせるものとはいえず、従って右審判手続の効力に何等の影響を及ぼすものではない。」としています。それから、正式裁判請求の事件記録に検察官の科刑意見書及び略式命令書を編綴しておくことと刑訴法256条6項（予断排除）違背の有無について、東京高判昭和29年6月21日高刑7巻7号1063頁があります。その理由中にどうして科刑意見書が添付されてくるのかについて述べている部分がありますので、その部分を読んでみてください。

C事務官 「右検察官の科刑意見書は検察官が正規の手続に従い略式命令を請求する以上、公判手続を経ないこととなり、科刑についての意見を述べる機会がないため、公判手続における意見の陳述に代えてこれを起訴状に添付して略式命令を請求したものであるからこれを起訴状に添付しておくことは当然である。」

A裁判官 正式裁判請求の事件記録に検察官の科刑意見書及び略式命令書を編綴しておくことは刑訴法256条6項の予断排除の原則には反しないという判断をした判決になります。

C事務官 「科刑意見書」の関係については理解しました。略式命令を発付

する前に、科刑意見のことで、裁判官が検察官と電話でやりとりしていることもありますね。

A裁判官 それはありますね。裁判官は科刑意見に拘束されるものではありませんが、検察官の意見を直接聞くということは大切なことだと思います。検察官とのやりとりの中で、検察官の考えを聞き、こちらの考えを示し、最終的に科刑意見を変更してもらう場合もないわけではありません。検察官の科刑意見に拘束されるものではないといっても、担当検察官にはそれなりの考えがあって意見を付けているわけですし、上司の決裁も受けていますから、検察官の考えをよく聞く必要があるということになりますね。

——略式手続の告知手続書及び申述書

A裁判官 ところで、検察庁からは、起訴状とともに「略式手続の告知手続書」と「申述書」というものが提出されてきますが、Bさん、この点についての説明をお願いします。

B書記官 刑訴法462条2項及び刑訴規則288条の規定により、略式命令の請求書には、検察官が被疑者に対し、刑訴法461条の2第1項の手続をしたことの書面及び同条2項の書面を添付しなければなりません。それが、「略式手続の告知手続書」と「申述書」というものになります。両書面の内容についての具体的文言を示した方がわかりやすいと思います（参考・裁判所職員総合研修所『略式手続〔7訂補訂版〕』〔司法協会、2010年〕22頁）。

---

1 「略式手続の告知手続書」の文言
　本職は、下記の者に対し、略式手続についてわかりやすく説明し、かつ、通常の手続に従って審判を受けることができる旨を告げ、略式手続によることについて異議がないかどうかを確かめたところ、被疑者は異議がない旨申し立てて申述書でその旨を明らかにした。

第14章　略式手続各論

2 「申述書」の文言
　私は、検察官から略式手続について説明を受け、かつ、通常の規定に従って審判を受けることができる旨を告げられましたが、略式手続によることに異議がありません。

──裁判所の審査＝形式的訴訟条件、実体的訴訟条件、請求の相当性

A裁判官　ありがとう。検察庁から略式命令の請求がなされてくれば、裁判所の審査ということになります。裁判所が略式命令を発するには、その事件が、積極的に適法かつ相当であることが必要とされますので、まず、適法性の審査がなされますね。検察官による被疑者に対する略式手続についての説明や書面性等についてはこれまで勉強してきたとおりですが、そのほかにどのような点を審査することになりますか？

B書記官　まず、次のような公訴提起についての形式的訴訟条件が具備しているかどうかについて審査します（河上和雄ほか編『大コンメンタール刑事訴訟法〔第二版〕第10巻』〔青林書院、2013年〕265頁）。
　① 被告人に対して裁判権があること
　② 被告人が、当事者能力を持つこと
　③ 同一事件について、他に公訴の提起がないこと
　④ 公訴の取消があった事件について刑訴法340条の要件が満たされていること
　⑤ 親告罪については、告訴のあること
　⑥ 公訴提起の手続が有効であること

A裁判官　それらの要件が充足しているときに、さらに次のような実体的訴訟条件について審査することになりますね。
　① 事件について既判力が生じていないかどうか
　② 犯罪後の法令により刑が廃止されていないかどうか

③ 大赦がないかどうか
④ 公訴時効が完成していないかどうか

C事務官 そうしますと、以上のような形式的・実体的訴訟条件が具備していると認められる場合に、次の段階として、略式命令の請求の相当性についての審査をすることになるのでしょうか？

A裁判官 そうですね。刑訴法463条1項は、「その事件が略式命令をすることができないものであり、又はこれをすることが相当でないものであると思料するときは、通常の規定に従い、審判をしなければならない。」と規定していますが、この相当でないものかどうかの審査は、略式命令の請求が適法とされる場合に行われます。

──略式不相当とされる事案

C事務官 どのような場合が略式不相当とされるのですか？

A裁判官 次のようなものが考えられます（前掲『大コンメンタール刑事訴訟法〔第二版〕第10巻』266頁）。

① 事案が複雑で、公判手続において慎重な審理をするのを相当と認めるとき
② 訴因・罰条の追加・撤回又は変更を要するとき
③ 複雑な事実の取調べを必要とするとき
④ 100万円以下の罰金又は科料以外の刑を科すべきものと認めたとき
⑤ 量刑について、検察官と著しく意見を異にするとき

──略式不適法、不相当の場合の事後手続

C事務官 略式不適法あるいは不相当と判断した場合は、通常の規定にしたがって審判することになるのでしょうが、刑訴法463条3項によれば、「直ちに検察官にその旨を通知しなければならない。」となっています。具体的にはどのような方法で通知するのでしょうか？

A裁判官 通知の方法については、別段の規定はありません。ただ、通知をしたことについては記録上明らかにしておかなければなりませんので（刑訴規則298条3項）、実務上は、通知書により検察官に通知するとともに、その

写しを記録に綴っておくか、あるいは書記官が、何時どのような方法で通知したのかを記録に記載して押印しておくという方法がとられています。

C事務官　通知書に略式不適法あるいは不相当の理由はどの程度記載するのでしょうか？

A裁判官　実務的には、「略式命令をすることができないものであると思料する。」あるいは「略式命令をすることが相当でないと思料するから通常の規定で審判する。」というような程度の記載が一般的ですね（前掲『略式手続〔7訂補訂版〕』65頁）。それから、検察官から提出された書類及び証拠物は、検察官に返還することになります（刑訴規則293条）。書類や証拠物を検察官に返還するのは、起訴状一本主義（予断排除の原則）に従うためですね。刑訴法256条6項により、起訴状には、裁判官に事件について予断を生じさせるおそれのある書類その他の物を添付することは許されませんので、この規定に従った措置ともいえます。

C事務官　被告人に対する手続きはどうなるのでしょうか？

A裁判官　当然通常の手続になるわけですので、検察官は、被告人の数に応じる起訴状謄本を裁判所に差し出す必要がありますし、裁判所は、被告人に対して起訴状謄本の送達をすることになります（刑訴規則292条、176条1項）。

──被告人に起訴状が送達できなかった場合

C事務官　被告人に起訴状が送達できなかった場合はどうなりますか？

A裁判官　通常の手続になりますので、刑訴法463条4項、271条2項の規定により、通常手続の通知があった日から2か月以内に起訴状謄本が被告人に送達されないときは、公訴の提起は、さかのぼってその効力を失うことになります。

C事務官　公訴の提起は、さかのぼってその効力を失うということは、その略式命令の請求は効力を失うということなのでしょうが、その後、被告人の所在が判明した場合はどうなるのでしょうか？

A裁判官　公訴時効が完成していなければ、検察官が再度略式命令の請求をしてくることも考えられますね。逃げ得は許されないでしょうね。

――略式命令の発付と記載事項

A裁判官 ところで、裁判所は、審査の結果、略式手続によることが相当と認めた場合には、略式命令を発することになりますが、当然、起訴状に公訴事実として記載されている事実は、全部証拠によって認定しなければなりません（刑訴法317条）。ただ事実の取調べについては、可能だという考えもあるようですが、事実の取調べが必要な事案であれば、むしろ略式不相当ともいえますので、通常の審理を行うのが実務的な考えだと思います。略式手続は、書面審理が基本と理解しておいてよいと思います。ところで、Bさん、略式命令に記載すべき事項はどのようなものですか？

B書記官 刑訴法464条に記載されていますが、その規定によれば、「略式命令には、罪となるべき事実、適用した法令、科すべき刑及び附随の処分並びに略式命令の告知があった日から14日以内に正式裁判の請求をすることができる旨を示さなければならない。」とされています。

A裁判官 それから、刑訴規則56条にも規定されていますね。Cさん、この条文の1項を読んでみてください。

C事務官 「裁判書には、特別の定のある場合を除いては、裁判を受ける者の氏名、年齢、職業及び住居を記載しなければならない。裁判を受ける者が法人（法人でない社団、財団又は団体を含む。）であるときは、その名称及び事務所を記載しなければならない。」

A裁判官 ところで、刑訴法335条1項の規定によれば、有罪の言渡をするには、証拠の標目を記載しなければならないとなっていますが、刑訴法464条を読んでもらえばわかるように、略式命令には、証拠の標目の記載は要求されていません。どうしてなのでしょうね？

B書記官 略式命令は判決と異なり、不服があって正式裁判の請求をする場合、それは上訴ではないので、上訴審の審査に必要な事実認定の根拠についてまでは理由を付す必要がないと考えられているためのようです（前掲『刑事訴訟法〔第二版〕第10巻』278頁）。

A裁判官 そうですね。そのようにいわれていますね。加えて、略式手続は簡易・迅速をその本質とするものですので、証拠の標目の記載は要求しなか

ったものと考えられますね。当然のことですが、記載が要求されないからといって、証拠の取調べに慎重さが要求されないわけではありません。

──略式命令の記載例

A裁判官 実務における略式命令の一般的な記載例を主文以下から挙げてみます。

主　文

被告人を罰金50万円に処する。
この罰金を完納できないときは金5000円を1日に換算した期間被告人を労役場に留置する。
ただし、端数を生じたときはこれを1日とする。
この罰金に相当する金額を仮に納付することを命ずる。
　　　罪となるべき事実
起訴状記載の公訴事実を引用する。
　　　適用した法令
起訴状記載の罰条を引用するほか
刑法18条、刑事訴訟法348条
　　（以下省略）

B書記官　「主文」には、この例の他に、処分内容に応じて、執行猶予、保護観察、没収、追徴、押収物の還付、公民権不停止又は期間の短縮などが記載されることになるわけですね。

A裁判官　そのとおりです。それから、「適用した法令」記載の刑法18条は労役場留置、刑訴法348条は仮納付の規定になります。他に、例えば国選弁護人が選任されていて訴訟費用が生じている事件でも訴訟費用を被告人に負担させない場合は、刑事訴訟法181条1項ただし書を記載するように、必要な条文を書き加えていくことになります。

——少年、法人の場合の留意点

A裁判官 ところで、被告人が少年の場合は注意しなければならない事項がありますね。
B書記官 確か、少年の場合労役場留置はできないと思いましたが。
A裁判官 そうですね。労役場留置はできませんので、ひな型使用の場合は、主文欄の労役場留置文言と適用した法令欄の刑法18条を削除して、少年法54条（換刑処分の禁止）を加える必要があります。ちなみに法人の場合も労役場留置はできません。
C事務官 被告人が少年の場合は、成人と同様な扱いではないということに注意しなければならないということですね。
A裁判官 そうなりますね。

——罪数論について

A裁判官 ところで、公訴事実について、数個の罪が包括的一罪になるのか、併合罪になるのかということが常に問題になります。Bさんは、そのような議論を耳にしたことはありませんか？
B書記官 その点については、裁判官、書記官の悩みと聞いています。ある事実が観念的競合となるのか、牽連犯となるのかということでもよく問題にしていますね。
A裁判官 そのとおりでして、悩み多きところですね。特に道路交通法違反事件では、観念的競合となるのか、牽連犯となるのか悩まされるものがあり、そのために、この事実とこの事実は観念的競合、この事実とこの事実は牽連犯というように一覧表にして処理している裁判官も多いですね。まあ罪数論については、略式手続だけの問題ではなく、公判手続についても言えることですが。

——被告人に対する略式命令の告知

A裁判官 ところで、略式命令がなされれば、被告人に告知をすることになりますが、どのような方法によって告知をすることになりますか？

B書記官 略式命令の告知は、謄本を送達して行うことになります（刑訴規則34条）。送達の方法は民訴法の規定が準用されますが、公示送達に関する部分は除かれますし（刑訴法54条）、民訴法107条1項1号による書留郵便に付する送達もできません（刑訴規則63条1項ただし書）。

C事務官 刑訴規則290条1項によれば、略式命令は請求があった日から14日以内に発しなければならないということですね。そして、刑訴法463条の2第1項により、略式命令の請求のあった日から4か月以内に略式命令が被告人に告知されないときは、公訴の提起はさかのぼってその効力を失うということですが、例えば、送達を試みて送達不能となった場合のその後の手続はどうなるのでしょうか？

A裁判官 被告人の転居等で所在がわからなくなり、略式命令の謄本が被告人に送達できなくなるというケースがないわけではありません。そのようなときには、刑訴規則290条2項により、直ちに検察官に通知しなければなりませんが、それは、公訴維持の責任は検察官にあるので、検察官は被告人の所在を捜査するなど、送達ができるようにする責務もあるからなのでしょうね。検察官からの報告を受けて、裁判所は再送達を行うなど告知に向けての努力をすることになります。

C事務官 それでも4か月以内に略式命令が被告人に告知されないときは、公訴の提起はさかのぼってその効力を失うことになりますが、検察官にはすでに告知されているはずですから、検察官に対する関係では略式命令の効力が生じていますよね。

A裁判官 それで、刑訴法463条の2第2項の規定による処理をする必要があるということになります。つまり、検察官に対する略式命令の効力を失効させるために、略式命令を取り消した上、公訴棄却の決定をしなければならないということになります。

──被告人死亡の場合

A裁判官 それでは、略式命令請求の前、被告人が死亡していたときには略式手続はどうなりますか？

C事務官 被告人が死亡していますので、略式命令ができませんから、公訴

棄却の決定をするということになると思いますが。

A裁判官 そうですね。刑訴法463条1項により、通常の規定に従い審判することとしたうえで、刑訴法339条1項4号により決定で公訴棄却をするということになりますね。それでは、略式命令謄本が被告人に送達されましたが、確定前に死亡していたときはどうでしょうか？

C事務官 略式命令謄本が被告人に送達されていますし、被告人の死亡によって事件は終了しますので、なんらの決定も必要ないような気がしますが。

A裁判官 そのように考えられていますね。しかし、正式裁判請求期間内に死亡し、その後検察官から正式裁判の請求があった場合は刑訴法339条1項4号前段を適用して公訴を棄却することになるでしょうね（前掲『略式手続〔7訂補訂版〕』63頁）。

──被告人による正式裁判請求

A裁判官 被告人に略式命令謄本が送達されたけれど、略式命令に対して不服がある場合は、通常の手続による審判を請求することができますね。これが正式裁判の請求というものですが、正式裁判を請求できるのは被告人だけでしょうか？

C事務官 刑訴法465条1項によれば、「略式命令を受けた者又は検察官は、その告知を受けた日から14日以内に正式裁判の請求をすることができる。」とありますので、検察官も請求できます。

B書記官 それから、被告人の代理人、弁護人、法定代理人、保佐人も被告人の明示の意思に反しない限りできるのではありませんか（刑訴法467条、353条、355条、356条）。

C事務官 弁護人というのはわかりますが、代理人というのはどういう立場の人ですか？

A裁判官 被告人の代理人とは、刑訴法283条の被告人が法人である場合に認められた代理人と、刑訴法284条の軽微な事件について認められた代理人をいいますね。軽微な事件というのは、50万円（刑法、暴力行為等処罰に関する法律及び経済関係罰則の整備に関する法律の罪以外の罪については当分の間、5万円）以下の罰金又は科料に当たる事件をいいます。それから、付け

加えておきますと、最一小決昭和43年1月17日判例タイムズ218号205頁（判例時報510号76頁、金融・商事判例99号19頁）がありますが、法人の支配人は、法人を代理して正式裁判の請求はできませんね。ところで、請求をなし得る期間は、告知を受けた日から14日以内ということでしたが、初日は算入、不算入どちらでしょうか？

C事務官　刑訴法55条1項の規定により、初日は算入されないと思います。

A裁判官　そうですね。それでは、被告人から被告人に対する略式命令謄本の送達前になされた正式裁判の請求は有効、無効どちらと考えますか？

C事務官　刑訴法465条1項は、「その告知を受けた日から14日以内」と規定していますので、告知を受ける前ですから無効だと思います。略式命令謄本の送達を受けてから正式裁判の請求を出し直せばよいと考えます。

A裁判官　なぜ告知前に略式命令がなされていることを知ったのかという前提を考えなければなりませんね。略式命令謄本が既に検察官に送達されていて、それで知ったとか、共同被告人がいてその被告人に略式命令謄本が送達されていたので知ったというような場合が考えられますね。この問題に対して、最大決昭和40年9月29日判例タイムズ183号142頁（判例時報422号9頁）がありますので、理由の要旨部分を読んでみてください。

C事務官　「被告人らは、右略式命令謄本の送達は受けていないけれども、その謄本が検察官又は一部の共同被告人に送達されており、裁判所として、もはやその内容を変更することのできない状態に達していたのである。従ってこの裁判に対し不服を申し立てることは、将来如何なる裁判があるか不明なのに敢えて不服申立をするという不当もなく、ただ、被告人らに対しては裁判の告知が遅れた結果、正式裁判の請求が、その請求権発生前になされた点で不適法となるに過ぎないから、右正式裁判の請求を受けた裁判所が未だこれを不適法として棄却しない間に、被告人らに対する略式命令謄本の送達が完了すれば、不適法な請求も、その瑕疵が治癒されると解するのが相当である。」

A裁判官　読んでもらった理由により、疑問解消ですね。なぜ、大法廷での決定かといいますと、無効とした大判昭和14年6月17日を変更したからなのですね。

——検察官による正式裁判請求

C事務官 検察官からも正式裁判の請求ができるということでしたが、そのような例はあるのでしょうか？

A裁判官 検察官からの請求がないわけではありません。検察官からの請求に関して興味深い判例もあります。最二小決平成16年2月16日判例タイムズ1149号305頁（判例時報1856号160頁）ですが、その理由の要旨を読んでみます。「検察官は、被告人に前科がないものと誤認し、第1審判決判示の無免許運転及び速度超過の各犯罪事実について、簡易裁判所に対し、科刑意見を付して略式命令を請求し、その科刑意見どおりに被告人を罰金9万8000円に処する旨の略式命令が発付されたこと、その後、被告人に累犯前科を含めて無免許運転を内容とする道路交通法違反の前科が多数存在する事実が判明するに至ったことから、検察官は、上記各犯罪事実について懲役刑を求刑するのが相当と判断し、略式命令発付の翌日に正式裁判を請求したことが認められる。上記事情の下においては、検察官が適正な科刑を実現するために正式裁判を請求したことは、適法というべきである。」

C事務官 そういうこともあるのですね。

——正式裁判請求後の裁判所の手続

A裁判官 正式裁判の請求がなされた場合は、裁判所としてどのような手続をとらなければなりませんか？

B書記官 まず、請求の相手方である検察官又は略式命令を受けた者に通知しなければなりません（刑訴法465条2項）。それから、検察官から差し出された書類及び証拠物は検察官に返還しなければなりません（刑訴規則293条）。

A裁判官 正式裁判の請求が法令上の方式に違反していた場合や、告知後14日を過ぎてからのものだったりした場合は、決定で棄却することになりますね。適法なときは、通常の規定に従って審判することになります（刑訴法468条1項、2項）が、この正式裁判に関して刑訴法402条の不利益変更の禁止は適用されるでしょうか？

C事務官 通常の手続による審判をするということですから、刑訴法402条は適用されないと思います。

A裁判官 そうですね。刑訴法402条は上訴の場合の規定で、原判決の刑より重い刑を言い渡すことはできないというものですが、略式命令の正式裁判は上訴ではありませんからね。これについては、最一小決昭和31年7月5日がありまして、「略式命令に対する正式裁判の請求は、該命令をした裁判所に対し通常の規定に従い審判を受けることを求めるものであって上訴ではないから正式裁判の請求が適法であれば、裁判所は先になした略式命令に拘束されることなく通常の規定に従って審判をなすべきであり、この場合上訴に関する402条の規定は準用さるべきではない。」と判示しています。それから、正式裁判の請求は、第一審の判決があるまでは取り下げることができますね（刑訴法466条）。正式裁判が取り下げられたときは、これによって訴訟は終了して、略式命令は確定判決と同一の効力を生じますが、正式裁判請求期間内であれば、検察官の正式裁判請求権はそれによって害されませんので、直ちに略式命令が確定するものではありません。

——略式命令確定による執行

C事務官 質問よろしいでしょうか？　略式命令が確定した場合の略式命令における裁判の執行というのは具体的にどういうことをするのでしょうか？

A裁判官 裁判の執行というのは、裁判所又は裁判官の意思表示である裁判の内容を国家の強制力によって実現することをいいます（前掲『大コンメンタール刑事訴訟法〔第二版〕第10巻』311頁）。裁判は、特別の定めのある場合を除いては、確定した後に執行することになります（刑訴法471条）。略式命令には仮納付の命令が付されますが、この場合は特別の定めのある場合にあたりますので、確定前に執行することができることになります。財産刑等の執行については、刑訴法490条に規定されています。

C事務官 刑訴法490条2項には、民事執行法その他強制執行の手続に関する規定に従うと規定されていますが、「この罰金を完納できないときは金5000円を1日に換算した期間被告人を労役場に留置する。」ということとの関係はどうなるのでしょうか？

A裁判官 略式命令の罰金、過料を納付することができないときは、強制執行の手続によるのではなく、換刑処分として労役場留置となると理解してください。労役場留置は、法務大臣が指定する刑事施設で執行されることになります（刑事収容施設及び被収容者等の処遇に関する法律287条1項）。確定した略式命令に対しては、一定の事由があれば、再審の請求ができますし（刑訴法435条、436条）、非常上告によってその取消しを求めることもできます（刑訴法454条）。以上で略式手続についての学習を終了しましょう。

C事務官 お陰様で、略式命令は簡易裁判所に係属する刑事事件の多くを占めるということがわかりましたし、実務の流れも理解でき略式手続に対する疑問が解消しました。

〔執筆者紹介〕

岩田和壽（いわた・かずとし）

平成 4（1992）年　仙台簡易裁判所判事
平成 5（1993）年　大船渡簡易裁判所判事
平成 8（1996）年　札幌簡易裁判所判事
平成 11（1999）年　東京簡易裁判所判事
平成 14（2002）年　横浜簡易裁判所判事
平成 17（2005）年　土浦簡易裁判所判事
平成 20（2008）年　東京簡易裁判所判事
平成 23（2011）年　横浜簡易裁判所判事
平成 26（2014）年　東京簡易裁判所判事

基礎から学ぶ簡易裁判所の諸手続
―― 判事が語る実務のポイント

2017年5月20日　第1版第1刷発行

著　者――岩田和壽
発行者――串崎　浩
発行所――株式会社　日本評論社
　　　　〒170-8474 東京都豊島区南大塚3-12-4
　　　　電話　03-3987-8621（販売）　03-3987-8592（編集）
　　　　FAX　03-3987-8590（販売）　03-3987-8596（編集）
　　　　https://www.nippyo.co.jp/　振替　00100-3-16

印　刷――平文社
製　本――井上製本所
装　丁――銀山宏子
© 2017　K.Iwata
ISBN978-4-535-52260-2

検印省略
Printed in Japan

[JCOPY]〈(社)出版者著作権管理機構委託出版物〉
本書の無断複写は著作権法上での例外を除き禁じられています。複写される場合は、そのつど事前に、(社)出版者著作権管理機構（電話03-3513-6969、FAX03-3513-6979、e-mail: info@jcopy.or.jp）の許諾を得てください。また、本書を代行業者等の第三者に依頼してスキャニング等の行為によりデジタル化することは、個人の家庭内の利用であっても、一切認められておりません。